漫谈加拿大的大学治理文化

柳伟　黄超——著

华中科技大学出版社
http://press.hust.edu.cn
中国·武汉

图书在版编目（CIP）数据

漫谈加拿大的大学治理文化 / 柳伟，黄超著. -- 武汉：华中科技大学出版社，2024. 8. -- ISBN 978-7-5772-1013-1

Ⅰ. G649.711

中国国家版本馆 CIP 数据核字第 202413L3T3 号

漫谈加拿大的大学治理文化　　　　　　　　　　　　　　　　柳伟　黄超　著
Mantan Jianada de Daxue Zhili Wenhua

策划编辑：李娟娟　饶　静
责任编辑：康　艳
封面设计：琥珀视觉
责任校对：李　弋
责任监印：朱　玢

出版发行：华中科技大学出版社（中国·武汉）　　电话：（027）81321913
　　　　　武汉市东湖新技术开发区华工科技园　　邮编：430223

录　　排：孙雅丽
印　　刷：湖北新华印务有限公司
开　　本：880mm×1230mm　1/32
印　　张：6.125
字　　数：125 千字
版　　次：2024 年 8 月第 1 版第 1 次印刷
定　　价：39.80 元

本书若有印装质量问题，请向出版社营销中心调换
全国免费服务热线：400-6679-118 竭诚为您服务
版权所有 侵权必究

自序

我（第一作者）从北京师范大学的外文学院博士毕业，研究领域是外语教育和教师教育，师从外语教学专家王蔷教授。读博士以前，我总以为量化研究才是真正的研究，而且只有特懂统计学的人才能做研究。在读博士期间，我开始接触质性研究方法，最喜欢的一本书是 John W. Creswell 的《质性探究和研究设计：五个范式》（*Qualitative Inquiry and Research Design: Choosing among Five Approaches*）[1]，它介绍了质性研究的五个不同具体方法，包括叙事研究、田野研究、现象学研究、扎根研究，还有我们大家都熟知的案例研究。虽然介绍得有些过于简单，但一目了然，是一本好的入门书。我采用田野研究的方法完成了博士论文，另外对叙事研究也十分感兴趣。自然科学的研究，讲究解剖分析，观察一个因素，控制其他因素；但人文学科的研究，研究对象是社会和人，因素太多，无法控制，只能整体观察。故事的形式最

---

[1] Creswell J W. Qualitative Inquiry and Research Design: Choosing among Five Approaches[M]. Thousand Oaks: Sage Publications, 2006.

好地保留了现象的整体性和复杂性。再说，一边听故事，以故事为数据；一边讲故事，以故事呈现数据，可读性强，何乐而不为呢？

北京是个搞科研的好地方。读博士期间，我有机会参加了Michael Connelly教授的教育叙事学工作坊。Michael Connelly是多伦多大学教育学院的教授，我认为他是在教育学里面最早引入叙事学研究的学者，他和他的博士生Jean Clandinin在2000年出了一本书——《叙事研究：质性研究中的经验和故事》（*Narrative Inquiry: Experience and Story in Qualitative Research*）[1]，系统介绍了叙事学研究如何开展。Jean Clandinin是该书的第一作者。读博士期间，我仔细看了这本书，博士论文也引用了它。2011年春天，我博士毕业在即，考虑应该做博士后研究，最好是外国的，也想给自己增长阅历，当个海归。毕竟学外语那么多年，也该出去看看。我在网上搜索，看到一个博士后的招聘广告，仔细一看，是加拿大的阿尔伯塔大学，研究领域是教师教育与职业发展，导师正是Jean Clandinin。

以前没听说过阿尔伯塔大学，也没有听说过阿尔伯塔（Alberta）这个地方，但我对Clandinin教授心生好感，而且对方提供奖学金，应该试一试，没敢奢望成功。很高兴，她给了我面试机会。面试是在网上用Skype进行的，傍晚正是北师大校园网

---

[1] Clandinin D J, Connelly F M. Narrative Inquiry: Experience and Story in Qualitative Research[M]. San Francisco: Jossey-Bass, 2000.

的使用高峰期，面试断断续续进行，但之后 Clandinin 教授真的同意要我了。我感觉特别荣幸！

2011年6月，我论文答辩，7月末就来到了位于加拿大阿尔伯塔省的阿尔伯塔大学。我的目标很明确，就是利用一年的时间，好好了解叙事研究的方法，包括它的理论基础、研究过程、优劣势，以及如何把它用于我的外语教学与教师教育研究。我的原计划是做完博士后研究，回国当老师，但计划永远没有变化快，我爱人申请了阿尔伯塔大学的博士，我就不得不留下来找工作，养家糊口。当地教职很少，但我幸运地得到了阿尔伯塔大学国际部的一个行政职位。我的顶头上司是一个华裔，叫黄岑，北师大本科毕业，和我是校友。她20世纪80年代出国，在加拿大读了比较教育学的博士，在欧洲做的博士后研究，有多年的研究和行政经验，深谙中加两国高等教育体系；做事雷厉风行，不拖泥带水，我十分敬重她。

中国大学重视国际化工作，尤其是教师队伍的国际化建设；一方面招聘了很多海归博士，另一方面也资助老师出国访学。教师队伍的国际化程度提高很快，但行政干部队伍的国际化程度比较低，是块短板。2011年，国家留学基金委员会和阿尔伯塔大学达成协议，要派中国大学的处级干部成班到阿尔伯塔大学学习行政管理，每个班为期三个月。黄岑博士当时负责国际关系，牵头签署协议，也牵头组织项目。2012年春季，阿尔伯塔大学迎来了第一批来自中国多所高校的25名学员。国际部聘请了一个白人小伙子具体实施这个项目。也许是因为他不说汉语，也许是因为他对中国高等教育体系不了解，总之，干了一期他选择了离开，国际部就把我招进来，接替他的工作。这一干就是十多年。

这个项目在阿尔伯塔大学最早取名为大学管理项目（university management program, UMP），但感觉 management 一词不够"高大上"，之后改为 global academic leadership development（GALD）program，即国际学术领导力发展项目。我们的学员大部分是处级干部，在加拿大的大学里，正处级干部都叫 associate vice-president（协理副校长），或者叫 vice-provost（副教务长）。他们不是 manager，是 leader。manager 的工作更多是实施，leader 的工作更多是决策。他们的培训在国外进行，旨在通过国际比较学习，扩展他们的国际视野，提高他们的领导能力，所以 global academic leadership development（GALD）program 这个名字是有道理的。这个项目挺受欢迎，从 2011 年春季到 2020 年春季，我们这个项目一共举办了二十几期，国内参与的大学有 200 多所，参加学习的行政干部有 800 多人。

我在中国大学待了很多年，先当学生，后做老师，耳濡目染之下对中国高等教育体系有了一些感性的了解。但在加拿大做博士后研究的一年，整天待在图书馆看文献，参加系里的学术讨论，只关注自己的研究领域，对大学的运作和管理毫不知情。好在有黄岑博士，遇到不了解的情况，我总跑去问她。这个项目的课程设计注重实践，每批老师在到加拿大之前，我会对他们的工作背景做归类分析，然后决定请哪些人给他们上课。我有一个原则，就是请他们对口单位的同行跟他们交流。来的是科研处的人，我就找科研副校长、科研处处长给他们上课；来的是人事处的人，我就找人事处处长和他们交流；来的是学生处的人，我就去请学生处的同事和他们交流；学院来的人，我就找各个学院的院长或者副院长和他们交流。阿尔伯塔大学十分重视这个项目，很多行政领导都给我们这个项目上过课。课程需要提供全程翻译，重要的我自己做，不太重要的，我就找中国来的博士生帮忙。参加这个项目的行政干部，非常珍惜这个出国学习的机会，问问题是他们的主要学习方式。每批过来的学员，要问成千上万个问题。为了提高项目的质量，满足学员的需求，我开始着手研究中加高等教育比较，把高等教育领导力发展作为我新的研究领域。关于加拿大大学治理的英语文献不多，大部分是多伦多大学教授发表的，我都查阅过。多伦多大学有个教授叫 Glen Jones，专门研究加拿大大学的治理问题。运作这个项目给了我大量直接了解加拿大大学管理和运营的机会。我在过去几年还发表了好几篇这方面的英语论文，其中两篇研究的是这个项目对高等教育领导力发展的理论贡献[1]，如果大家感兴趣，可以参考。

2020年2月底，我们送走了最后一批学员。3月，新冠病毒

---

[1] Liu W. Higher Education Leadership Development: An International Comparative Approach[J]. International Journal of Leadership in Education, 2021, 24(5):613-631.

　　Liu W. "Education Abroad" for International Student Advisors: What Is the Impact on Their Professional Development?[J] Journal of International Students, 2019, 9(1): 303-316.

感染疫情在加拿大暴发，大学开始网上授课，我们学校的行政人员开始居家办公。两国旅行受阻，我们的项目也不得不暂停。我们以为加拿大的疫情会马上过去，到夏季或者秋季，项目就会重新开始，然而天不遂人愿。2020年秋季，天气乍冷，我还在居家办公，偶与黄岑博士交流，提到一直想写一本关于加拿大大学治理文化的书，作为过去十余年项目运行的总结，也为未来项目的进行提供参考资料，但觉得工程太大，没敢动手。黄岑博士此时已升职为国际部部长，英语叫 vice-provost and associate vice-president（international），即副教务长/协理副校长（国际事务），全面主持大学的国际化工作，十分繁忙。她鼓励我写，并说可以给我提建议、出点子、看稿子，帮助我完成书稿。受黄岑博士的鼓励，我开始着手写这本书。年轻人做事，有时候没信心，需要前辈的鼓励和鞭策。

　　这本书写的是我在加拿大大学工作期间的所见所闻、我的经历、我的故事。我希望以叙事的方式、漫谈的风格，描述真实体验，总结真实感受。质性研究讲究对研究环境和研究过程的厚重描写，为的是让读者根据厚重描写得出结论。本书强调实践性介绍，稍微做些理论升华，目标是详细介绍加拿大大学的运行机制，并和中国大学的运行机制做系统的对比。黄岑博士每次给我们 GALD 项目学员做报告，都强调比较学习的真正目的是更好地了解自己。想弄清楚国外大学的运行体系不容易，原因是任何体系都很复杂。我在这里工作了十多年，深入体系内部，天天观察思考这点事情，天天看相关的文献，天天和同事聊这个问题，才敢说有相对全面的了解。长期在国外，读英语文献，发英语文章，汉语能力下降得比较厉害，希望本书能够清晰明了，读来顺畅。叙事漫谈的写作方式，旨在提高阅读兴趣，不枯燥、不晦涩，希望我的这一目的能够实现。

我们经常用"日新月异"来形容中国各项事业的发展之快，这当然也包括中国的高等教育事业。我在前文提到，我对中国大学治理的理解，都来自作为学生和教师的感性体验，而且这些体验也是十来年以前的事了。过去十多年，每年来访的中国教育工作者都会告诉我中国高等教育的新政策和新趋势。这是我掌握中国高等教育新发展的好机会。

十分感谢华中科技大学的黄超博士加盟本书的写作，成为本书的第二作者。2023年春季，阿尔伯塔的天气暖得格外早，雪化得格外快，肆虐三年的疫情开始稳定，国际航班开始恢复，我们和中国国家留学基金管理委员会合作项目部主任杨光老师开会，开始着手项目的恢复工作。6月，我们迎来了疫情之后的第一批GALD学员，他们是来自中国26所大学的26位管理干部，我们这本书的书稿也开始成为这个项目的参考资料。这个班的班长正是来自华中科技大学的黄超博士。黄超博士为人聪明爽快，做事麻利认真。3个月时间，我俩每周喝咖啡，讨论本书第十四章和第十五章的内容。我邀请黄超博士加盟本书的写作，以加强本书的质量，一方面确保中国高等教育信息的准确性，另一方面，请他在中加大学治理比较的各个方面提意见，增加中加大学治理比较的深度和广度。黄超博士2023年9月因项目结束回国，他建议我联系华中科技大学出版社出版本书，争取让更多中国的大学行政干部看到这本书。

引言

　　大学治理的问题是个十分有价值的问题,因为大学治理的水平关系一个国家高等教育事业长期发展的水平。但大学治理不是一个简单的政策问题。任何一个高等教育体系,都根植于国家的历史、政治、经济、人口和文化环境之中。大学治理,其实是一个系统的文化问题。这本书谈的就是中加两国大学治理文化的比较。大学治理比较研究的最终目的,其实不是简单的政策借鉴,而是比较之后的深入理解。本书以故事的形式、漫谈的风格,系统介绍加拿大大学的治理文化。作者努力做到深入浅出、通俗易懂,突出亲历者的观察,没有太多理论赘述。各个方面的介绍,都包含和中国大学的对比分析,希望通过比较实现对两个体系的深入理解。本书最适合的读者群体是中国大学的行政管理干部。通过这本书,中国的大学行政干部可以从国际比较的视角,立体地了解北美大学的运行,思考中国大学的管理实践,更好地理解自己的工作,更好地理解中国大学行政体系的优缺点,并以此作为未来工作的创新基础,实现大学行政人员国际化职业发展的目的。

本书强调大学治理的文化属性，强调对大学治理理解的系统性，不停留在简单的政策层面观察，而是分析政策之后的深层原因。第一章简要介绍加拿大这个国家的国情，包括它的历史、经济和人口等重要国情因素。第二章系统介绍加拿大的三级政府，分析三级政府和大学的关系。第三章介绍加拿大的高等教育体系，着重分析为什么中国学生上大学的竞争激烈，加拿大学生上大学的竞争不太激烈。第四章通过分析加拿大大学的国际排名，观察加拿大高等教育的总体发展水平。第五章系统分析加拿大大学的质量保障体系，包括两级政府（联邦政府和省政府）、大学，以及行业协会在质量保障方面的角色。这一章的内容对理解加拿大的高等教育体系十分有用。第六章谈的是加拿大大学的内部治理结构，包括董事会和学术委员会上下两院的权力分配。第七章提供了一个中加两国大学内部治理结构的比较分析。第六章和第七章是本书的核心内容。第八章介绍的是加拿大大学的行政结构，即不同的岗位设置、岗位名称，以及和中国大学里行政岗位的对比。这一章对中国大学负责国际化的老师十分有用，因为他们需要接触北美大学里的各种人。第九章谈到加拿大大学里面学院的二级管理，主要关注学院的人事、财务和学术自主。第十章介绍北美的教师终身教职制度，并且和中国的编制制度做对比。第十一章介绍加拿大大学是如何制定大学的发展规划的。这和中国大学有很大的不同。第十二章讲的是工会和学生会。这和中国大学的区别最大，因为北美的工会和学生会有独立于大学的法人地位。第十三章和第十四章的内容对于负责教学工作和学生工作的老师（如教务处、学生处和院系里面负责学生和教学工作的老师）很重要。这两章系统介绍了加拿大大学的人才培养文化。加拿大大学的国际化和校友关系两方面内容归到第十五章来谈，因为这两方面工作在加拿大大学内承担着获得外部资源、保证大学长期可持续发展的任务。这一章分析了加拿大等英语国家和中国在国际化工作中追求目的的不同。

除了中国大学的行政干部，这本书也适合比较高等教育领域的学者和研究生。这本书依据作者在加拿大大学里面做行政工作的经历，讲故事、谈观察，尽量做到全方位介绍，有如质性研究工作者一手的田野日记和反思。希望本书能够以我们实地的观察和讲述，为你们的研究提供数据，引发思考，并进一步上升为理论。这本书还适合希望送孩子去加拿大读大学的中国家长朋友，通过本书，他们可以稍微了解一下加拿大大学的治理文化，尤其是人才培养文化方面的内容，弄清楚加拿大大学和中国大学的异同，可以帮助他们了解加拿大大学的教育体系，理解北美教学环境对学生独立性的要求，更好地帮助孩子实现学业成功。希望出国学习的大学生，更应该了解一下国外大学的治理体制和文化，知道有困难去哪个部门寻求帮助。国外大学的网站内容很丰富，很多信息都可以找到，但刚出国的大学生，往往英文有些吃力，不太懂网页内容，希望本书能对他们适应国外大学生活有所帮助。

第一章	加拿大这个国家	1
第二章	加拿大三级政府	13
第三章	加拿大的高等教育	25
第四章	加拿大大学的排名	33
第五章	质量保障体系	41
第六章	双院治理结构	51
第七章	中加大学治理的比较	63
第八章	加拿大大学行政结构	75
第九章	学院二级管理	85
第十章	教师的学术自由	101
第十一章	大学发展规划	115
第十二章	工会与学生会	127
第十三章	人才培养文化——学习篇	139
第十四章	人才培养文化——生活篇	151
第十五章	可持续发展	161
结语		173

第一章

加拿大这个国家

中国人对加拿大了解不多，但印象不差，这主要因为两个人，一个是白求恩，一个是大山，他们一个给中国人治病，一个逗中国人开心，想不喜欢他们都不行。我来加拿大前，听说过多伦多（Toronto），听说过温哥华（Vancouver），它们是加拿大最大的两个城市，也是中国移民聚集的地方；还听说有个说法语、总想独立的魁北克省（Québec）。其他地方没听说过。对于阿尔伯塔省在哪儿，我真的不知道。过去10多年，我一直在不断了解这个国家，了解所居住的阿尔伯塔省。参加我们GALD项目的学员，也希望在三个月内能对加拿大这个国家的历史文化、风土人情有所了解，问了我很多问题。毕竟这些都是加拿大高等教育体系的生存环境。了解一个教育体系的生存环境，才能真正理解这个体系的运行机制。他们的问题也逼着我去了解这个国家。第一章，我们先来说说加拿大。

中国历史特别长，加拿大历史特别短。我们都说中国有5000年历史，加拿大2017年才刚刚庆祝完独立150周年。我们可能都听说过一点儿欧洲在北美的殖民史。最早占领北美大陆的是法国，之后英法为了争夺这块地方，打了十年仗（1754—1763年），结果英国人赢了，但法国移民留了下来，形成了今天的魁北克人。

需要说明的是，英法争夺的都是土著居民的土地，土著居民是最不幸的。英法战争之后，1775 年美国独立战争之前，加拿大和美国连成一片，都是英国的北美殖民地。1783 年美国成为独立国家之后，加拿大成为北美忠英派的地盘，是英国领地。直到今天，加拿大还是英联邦国家，英国国王还是加拿大的最高元首，女王伊丽莎白二世的丈夫去世了，加拿大各地都降半旗致哀。伊丽莎白二世去世，加拿大全国放假哀悼。新任英王查尔斯三世，也成为加拿大的新国王。1867 年，英国女王签署《英属北美法案》，批准成立加拿大联邦自治领，由加拿大省、新不伦瑞克省（New Brunswick）和新斯科舍省（Nova Scotia）合并为联邦。后面两个省都特别小，人口也少。此后，其他省份慢慢加入联邦。阿尔伯塔省在 1905 年加入联邦。为了让西部的不列颠哥伦比亚省（British Columbia）加入联邦，加拿大联邦政府修建了太平洋铁路，连接东西两大洋。当时雇用了很多华工，给最少的钱，让他们干最危险的活儿。那是加拿大不公正对待华人的开始，之后加拿大政府又和美国一样，颁布了排华法案。我们每期 GALD 项目，都会带老师们参观埃德蒙顿市唐人街，请唐人街的老先生讲中国移民史。

加拿大地方很大，人口很少，领土面积比中国的领土面积还大，但有一点需要说明，加拿大是北部国家，整个领土在北纬 49 度以上，有一半的土地终年积雪不化。加拿大在北极的领土也有争议，这在加拿大被称为北冰洋问题。加拿大一共有 10 个省，位于北纬 49 度和北纬 60 度之间。阿尔伯塔省位于加拿大西部，省会是埃德蒙顿，它也是阿尔伯塔大学的所在地。在北纬 60 度之上，加拿大还有3个自治区，它们占了加拿大40%的领土，但人口只占总人口的3%。另外97%的人口在10个省的分布也不均衡。安大略一个省的人口约占全国总人口数的40%，魁北克省的人口则占了接近25%。温哥华所在的不列颠哥伦比亚省，也就是加拿大离太平洋最近的省，是第三人口大省，约占总人口的13%。阿尔伯塔省，人口约400万，占全国总人口的12%左右。中国的城市化进程比较快，现在有超过一半的中国人住在城镇。加拿大的城镇人口比例更高，大概有70%。

由于北面靠近北极，天气太冷，90%的加拿大人都住在离美国边境100英里（约160公里）的加拿大领土之内。加拿大高速公路的限速一般是每小时110公里，160公里也就是不到两个小时的车程。加拿大的总人口约为4000万，即使住得这么集中，也是典型的地广人稀。加拿大只和一个国家接壤，那就是南边的美国。加拿大和美国的边界线长达8891公里，是世界上最长的不设防的边境。所谓不设防，就是没有部队把守。两个国家发展水平差不多，所以没有非法移民的问题。加美两国的关系紧密，人员互相流动频繁。听说以往两国的公民带着驾照就可以开车过国境，不需要签证，护照都不用带。"9·11"之后，出于防恐的目的，两国政府开始要求公民带护照过国境。加拿大艺术家想有大的发展，都去美国的好莱坞。加拿大搞IT的想有大的发展，也往硅谷跑。美国来加拿大的人也比较多。美国人一旦对政府不满，就生气地说，我要移民加拿大。两国经济联系紧密，美国感冒，加拿大都会打喷嚏。

很多中国人觉得，美国和加拿大两个国家在文化上没什么区别。毕竟同根同源，说同样的英语，住同样的洋房，过同样的节日。刚来的那一年，我认识一位加拿大朋友，他是白人，受过高等教育，从阿尔伯塔大学工程学院毕业，之后又回阿尔伯塔大学商学院读了 MBA，在阿尔伯塔省政府工作。我跟他谈起美国和加拿大文化，说感觉两国文化没有什么差异。他很不愉快，觉得我的话构成对加拿大的侮辱。他据理力争，说加拿大比美国好，原因有三。首先，加拿大是多元文化主义的国家，多元文化主义（multiculturalism）是加拿大的基本国策，相当于宪法，允许多语言、多文化共存、共荣。而美国奉行"熔炉政策"（melting pot policy），它虽然也是移民国家，但更多追求单一语言、单一文化，所有人都必须融入美国文化。其次，加拿大教育公平，中小学公立教育质量高，私立学校少，而美国正好相反；加拿大的大学也是以公立教育为主体，教学质量与美国常青藤大学相当，学费与美国州立大学相当。最后，加拿大有全民医疗，看医生不需要自己掏腰包，加拿大医疗公平，穷人、富人一个待遇。阿尔伯塔省所有国际留学生都和本省公民一样享受免费医疗，不用交医疗保险费。而美国虽然医疗资源多、质量好，但分配不均，穷人看不起病。至此，我学到了重要一课：跟加拿大人说美国好，使不得。

按照中国的说法，加拿大算是一个发达的资本主义国家。加拿大的人少，人均 GDP 比较高，总的来说，老百姓的日子过得非常不错，跟北欧一些小国相似，天气冷，地广人稀，资源丰富，生活殷实。

参加 GALD 项目的老师，一般都希望了解一下加拿大的主要经济产业。首先是农业。加拿大最主要的作物是小麦，除了小麦还有大麦、亚麻、燕麦、油菜籽和饲料用草等。农业占加拿大全国 GDP 的 8% 左右。第二个产业是能源产业。主要是石油和天然气，占全国 GDP 的 5% 左右。第三是制造业。加拿大的制造业主要在东部的安大略和魁北克。汽车和配件的生产在加拿大东部，制造业占加拿大 GDP 的 15% 左右。最后是服务业。这是加拿大最大的产业，也是雇用人口最多的产业，涵盖教育、医疗、零售、金融等。中国人一般认为，服务业是第三产业，不能出国创汇。但加拿大的教育，尤其是高等教育却是出口产业，留学生的学费和生活花费，对加拿大的 GDP 贡献不小。我们之后再具体谈这一点。

阿尔伯塔是加拿大的"草原三省"之一，土地肥沃平坦，是加拿大传统的粮食大省，盛产小麦与油菜籽。早在 1960 年，中加恢复建交之前，加拿大就出口小麦给中国，价值为当年加拿大出口总额的 8%。加拿大西部省份的农民尝到甜头，那一年的收入是前一年的 3 倍，所以积极支持中加建交。阿尔伯塔省的牛也很多，我听说阿尔伯塔省的牛比人多。由于阿尔伯塔的草料资源丰富、质量好，所以当地的牛肉鲜嫩、入口即化，是世界上最好吃的牛肉之一，价格也不高。参加 GALD 项目的老师来加拿大，我都鼓励他们多吃牛肉。阿尔伯塔省还有很浓厚的牛仔文化，卡尔加里每年夏天的牛仔节号称是"太阳下面最大的节日"。加拿大的菜籽油叫 canola，是 canada oil with low acid 的缩写，即"低芥酸加拿大油"。canola 含芥酸低，健康，跟橄榄油差不多。油菜籽是加拿大出口的主要农产品。20 世纪 90 年代，加拿大芥菜籽作物得了"黑腿病"，主干地上部分变黑、腐烂。阿尔伯塔大学农学院教授 Gary Stringham 从澳大利亚芥菜籽中找到抗黑腿病基因引入加拿大，拯救了加拿大芥菜籽作物，并增加了该作物的产量。这也反映了阿尔伯塔大学对该省经济发展的历史贡献。

阿尔伯塔省地下有大量石油，加拿大的石油储备量居世界第三位，只在委内瑞拉和沙特之后。阿尔伯塔省的石油不是传统石油，而是和沙子混在一起，叫油砂（oilsands），当地土著曾用它来给木船做防水。20 世纪初，阿尔伯塔省开始尝试开采油砂，但不知道怎么把油从沙子和泥中分离出来。刚开始，他们想用油砂来做沥青，用于铺路，但不成功。阿尔伯塔大学工程学院教授 Karl Clark 带领团队，在 20 世纪 20 年代，开发了一个开采流程，使用热气和化学试剂溶解油砂，然后分层，使油、水和沙子分离，提取石油。这个流程今天还在使用。这是阿尔伯塔大学对本省、本国经济贡献的另一个例子。20 世纪 60 年代开始，阿尔伯塔省进行大面积油砂开采，使得阿尔伯塔省成为加拿大的石油大省、加拿大经济最活跃的省份。美国是加拿大石油的唯一出口市场，加拿大有一条管道一直通到得克萨斯州，但加拿大的石油出口价格被美国控制，大大低于国际市场价格。为此，加拿大正积极探索亚洲市场，并希望尽快建设通往西海岸的输油管道。

阿尔伯塔省西部毗邻北美洛基山脉，也是加拿大重要的旅游胜地。中国人来加拿大西部，总要去班夫（Banff）和贾斯伯（Jasper）两个国家公园，感觉没去这两个地方，等于到中国没去看长城和兵马俑。我们每期 GALD 项目都带老师们往南走，去看看这两个国家公园，再参观一下卡尔加里大学（University of Calgary）。国家公园的管理权在联邦政府。

阿尔伯塔省总的说来是农业大省、石油大省，农民多、工人多。大家都喜欢开皮卡车，性格粗放、直接。我以往学英语时学到，靠体力吃饭的工人，叫"蓝领"（blue collar）。阿尔伯塔省阳光充沛，农民要下地干活，石油工人也要在户外施工，脖子会晒得通红，因此被叫作"红脖子"（red neck）。红脖子的阿尔伯塔人大块儿吃牛肉，用大杯子喝啤酒，说话大声，穿着也不讲究。他们为人友善，做事踏实，让他们骂人相对容易，让他们撒谎相当困难。我眼里的加拿大人，都比较厚道、诚信、善良、乐于助人。

阿尔伯塔省有两个主要城市。一个是南部的卡尔加里市，它是几百家石油公司的总部所在地，也是卡尔加里大学的所在地。另一个是位于北部的埃德蒙顿市。埃德蒙顿市是省会城市，也是阿尔伯塔大学的所在地，当地华人简称为"爱城"。由于埃德蒙顿人口少，跟国内大城市比，感觉很荒凉，也有华人戏称之为"爱屯"。

根据最新的加拿大人口调查数据（2022），加拿大人口最多的城市是多伦多，约 668 万人；第二是蒙特利尔，约 437 万人；温哥华第三，约 284 万人；卡尔加里第四，约 160 万人；埃德蒙顿市的人口也超过了150万人，排全国第五。这五个大城市中，埃德蒙顿纬度最高，在北纬53度，离美国边境约600公里。在这个一年中有5个月为冰天雪地的地方，阿尔伯塔大学能够吸引和留住人才，不容易。好在阿尔伯塔省的公立教育不错，孩子上学不用担心，房价和物价不高，买房置业比较容易。

班夫国家公园路易斯湖

我在前文提到，阿尔伯塔省于1905年作为一个省加入加拿大联邦政府，亚历山大·卡梅伦·卢瑟福（Alexander Cameron Rutherford）被选为第一任省长，他组阁的时候任命自己为教育厅厅长。阿尔伯塔省于1906年出台大学法，这是阿尔伯塔省通过的第一个法令，阿尔伯塔省唯一的公立大学由此开始筹建。麦吉尔大学的数学教授Henry Marshall Tory被任命为第一任校长。Tory

校长在一次讲话中谈到，大学的办学目的不是为少数人服务，而是提高全体人民的素质。这句话至今还是阿尔伯塔大学的办学宗旨。最早的全体人民，可能说的就是全省人民。今天的阿尔伯塔大学，需要重新解读全体人民的内涵。我们是国际化的大学，这里说的人民，就是全世界的人民了。我们需要解决的，是世界问题；我们需要服务的，是世界人民。

关于阿尔伯塔省会和阿尔伯塔大学所在地选址，当时卡尔加里与埃德蒙顿都在竞争。省里决定，省会城市定在北边的埃德蒙顿。卡尔加里人觉得，阿尔伯塔大学一定会建在南边的卡尔加里。埃德蒙顿市在北萨斯喀彻温河北岸，南岸有一个城市叫斯特拉思科纳（Strathcona），是省长的家乡。北萨斯喀彻温河是当时两市的分界线。1905 年，省会定在河北面的埃德蒙顿市，大学就定在河南面的斯特拉思科纳市。新建的大学是省长的心头肉，哪里舍得放到卡尔加里那么远的地方！1912 年，北萨斯喀彻温河北面的埃德蒙顿市和河南面的斯特拉思科纳市合并为埃德蒙顿市，埃德蒙顿成为阿尔伯塔省的政治和学术中心。这让卡尔加里人很不爽快。

直到 20 世纪 60 年代，阿尔伯塔省高等教育需求增加，需要办第二所大学，才把阿尔伯塔大学卡尔加里分校作为一个独立的大学，称作卡尔加里大学。卡尔加里大学是一所相对年轻的大学，仅有 60 多年历史，但发展迅速，排名在最近几年上升迅速。加拿大最好的 15 所科研大学有一个联盟，这 15 所大学里面，有两所在阿尔伯塔省，一所是阿尔伯塔大学，另一所就是卡尔加里大学。

20世纪60年代后，由于油砂的兴旺，卡尔加里还成为本省的石油经济中心。很多石油公司的总部建在卡尔加里市。据说，卡尔加里市是加拿大工程师最密集的地方。石油产业的兴旺让卡尔加里市和卡尔加里大学快速发展。埃德蒙顿和卡尔加里两个城市的居民，平时互相讽刺，遇到困难互相帮忙。两个城市都有冰球队，一支叫Oilers（油工者），一支叫Flames（火焰队）。两支冰球队在NHL（北美冰球联赛）对战，就是典型的德比之战。中国的CCTV-5转播NHL冰球赛事，大家如果有关注，可能会看到这两支球队。

第二章

加拿大三级政府

　　加拿大有三级政府：联邦政府、省政府和市政府。我们这一章谈加拿大三级政府和大学的关系。我们首先说说联邦政府。前文我们提到，加拿大是英联邦国家。英联邦国家可不少，一共有50多个，包括我们熟悉的澳大利亚、新西兰和印度。英联邦国家的元首都是一个人，就是英国国王。所有这些国家的政府，原则上都向英国国王负责。我们都听说过美国政府是三权分立，分为立法、行政和司法。加拿大政府有四权，包括皇室、立法、行政和司法。但英国国王就一个人，哪管得了那么多国家呢？所以在这些国家里，国王的权力由"总督"代理。加拿大总督虽然代理国王的权力，但也不是由英国国王任命，而是由加拿大国家总理任命，英国国王认可。加拿大总督是个象征性的职位，一般由一个非党派、社会知名度高、认可度高，所有人都喜欢的人担任。加拿大现任总督是一位土著首领，上一任总督是一位宇航员，再上一任是一名大学校长。别小瞧了这个名义上的职位，因为总督才是国家的元首。准确点说，是英国国王不在的情况下的代理国家元首，但是英国国王总是不在加拿大！

　　加拿大有上下两院，上院叫参议院（senate），下院叫众议院（house of commons）。加拿大的下院议员是选举产生的，上院的议员不是，而是由总理任命。这一点和英国议会相似，可见英国政体对加拿大影响之深。

下面我们谈谈加拿大联邦议会的选举。参与联邦议会选举的是两大政党，一个是自由党（Liberal Party），一个是保守党（Conservative Party）。历史上加拿大一直是这两个党轮流执政。自由党是左翼政党，强调大政府，重民生，主张增加穷人福利；保守党是右翼政党，强调小政府，大市场，主张给企业减税，刺激经济和就业。加拿大的第三大政党叫新民主党（New Democratic Party），强调更大的政府，更多福利。这个政党历史上从来没有执政过，但如果前两大政党得票率不超过50%，就需要取得第三大政党的支持，才能通过决议，新民主党以此种方式在议会中影响政策。加拿大还有两个小政党，一个是魁北克党，只在魁北克省，为独立而生，政见偏左；另一个是绿党，这是一个环保主义者的政党，政见也只有一个——保护环境。

每隔4年的10月第三个星期一被定为加拿大大选之日。全国一共338个选区，几个人口大省每个选区大概10万人，其他省或者自治区每个选区人口要少些。阿尔伯塔省有34个选区。每个选区会选出一位联邦议员，作为人民代表，成为国会下院的议员，叫member of parliament（MP）。加拿大国会下院的议员一共有338位，来自全国338个选区。每次大选，每个政党都会派代表到全国各个选区。就拿我所在的选区（Edmonton West）举个例子，我们市民拿到的选票上，不是几个党首的名字，而是几个党在该选区代表的名字，他们竞选该选区的议员。我可能对某个人比较了解，比较喜欢，觉得他/她能代表我们，我就选这个人，不管这个人是哪个政党的。但是这种情况比较少，一般选民在投票的时候，都是投给某一个党。几个党首也做电视辩论，展示本党政见、政策，跟美国一样，只是可能吵得没有那么凶。我们假设，在我所在的选区自由党的代表获得多数（不需要超过半数），那么这个人就有了选区代表的全职工作，同时自由党也获得了全国338个下院席位中的一个。如果自由党代表在全国超过169个选区获胜，即一半选区以上，那么自由党就可以组阁，成立政府，自由党的党首也就成为国家的总理，可以任命自由党党员担任部长。这时候的政府叫多数党政府（majority government），自由党的日子也会比较好过，政策提案总能在国会获得半数投票通过。如果自由党获得最多席位，但没有到半数，自由党也可以组阁，这时候的政府叫少数党政府（minority government），自由党的日子就难点，政策提案需要获得其他政党的支持，才能半数通过。如果没其他政党的支持，议案不能半数通过，尤其是执政党提交的年度预算不能半数通过，政府无法运行，那就只能重新大选了。

　　加拿大国会的参议院，议员不是选举产生，而是由总理任命。加拿大的参议院议员也不少，由105人构成，他们的头儿就是总督。他们有一个共同特点，都是非选举产生。在选举体制里面，只有老百姓选上来的人，才有权威。不是选举产生的人，权威就小。那么这105个人是干什么的呢？加拿大人也说不清楚。在美国，一项政策先在下院通过，然后提交上院。上院再投票，投票不过可以否掉这项政策。加拿大的上院只有讨论的权力，没有否决的权力，只能提供加拿大人所说的"清醒的二次思考"（sober second thought），修改几个标点符号，调整一下句式，加上几句不疼不痒的话，总督再代表英国国王签个字，就成为法律。总的来说，上院议员工资挺高，做事不多。我总听加拿大人在广播上讨论，是不是该废除上院，节省纳税人的钱。但又有人说，这是传统，而且废除上院，就需要改宪，也不是那么容易的事儿，还是留着吧。

加拿大联邦政府负责哪些事务呢？首先是国防，包括部队和边防，还有国际关系、刑事案件、移民事务、货币和央行，最后是土著事务。医疗和教育两大事务，包括高等教育，都不是联邦政府的管辖范围。1867年加拿大联邦政府成立之时，医疗和教育的管理权力都下放到各省。我听说有两个原因：一个原因是，联邦成立之时的两个主要大省，英国人的安大略省和法国人的魁北克省，都有自己独立的医疗和教育体系，都说自己的好，采用任何一省的模式，都会伤和气；另一个原因是，当时医疗和教育都不是大问题。现在的加拿大公共医疗事业是加拿大各省最大的公共事业，也是砸钱最多的事业。阿尔伯塔省全省收入的40%～50%花在医疗上。加拿大的现代全民医疗体系是20世纪70年代才开始建立起来的。联邦成立之初，医疗不是公共政策讨论的重点，教育也一样。加拿大的教育是加拿大医疗之外的第二大公共事业，是第二大花钱的事业。阿尔伯塔省全省收入27%花在教育上，其中中小学教育占15%，高等教育占12%。我看到一个材料，说联邦成立之初，加拿大自治领的大学生人数非常少，一共才1500人左右，当时大学的规模小，只有5所大学的招生规模超过100人，而且大部分学校是教会支持的，资金来源不依赖政府。所谓的公立大学，其资金来源也是靠社会捐赠，不靠政府。

加拿大联邦议会大楼

加拿大没有部属大学，只有省属大学。加拿大没有全国的高等教育法，加拿大联邦政府连一个教育部部长都不设立。各个省都通过自己的高等教育法，设立自己的教育厅，成立自己的省立大学，确定自己的招生规模，批准自己的招生专业。每个省的教育体系都是一个独立的体系。这一点对讨论加拿大大学的治理很重要。那么加拿大的联邦政府，对加拿大高等教育的发展，真的就不起任何作用吗？其实作用还真的不小。

加拿大是高福利国家，也是高税收国家。加拿大的高福利是建立在高税收之上的，羊毛永远出在羊身上。加拿大个人所得税税率是 30%，从工资中直接扣除。在阿尔伯塔省，一般来说，这 30% 的个人所得税里面大约 2/3 是国税，上交联邦政府；1/3 是省税，上交给省政府。联邦政府的一半收入来自老百姓的个人所得税。除了个人所得税，联邦政府的收入还包括企业税，以及购买税。中国的企业税高些，老百姓消费的时候不用交购买税。中国人在超市买东西，价签上标的多少，结账时就付多少。加拿大人在超市买东西，价签上标 10 加元，付账的时候，各个省要收几个百分点作为省政府的购买税，一般是 6%～10%。阿尔伯塔省财政收入高，不收省购买税，但无论我们在哪个省买东西，都要上交联邦政府 5% 的国家购买税。我们如果在多伦多买东西，省税是 8%，国家税是 5%，那么 10 加元的东西，我们结账的时候实际需要付 11.3 加元。

加拿大联邦政府的举税能力特别强，全国老百姓都需要向联邦政府交个人所得税和购买税。但好处是，加拿大联邦政府可以通过对各省各地区的转移支付，实现全国的平衡发展，不让富的地方太富，也不让穷的地方太穷，加拿大称平等化（equalization）。联邦政府对各省转移支付的钱，包括对各省医疗和教育的支持，当然也包括高等教育。这是联邦政府对高等教育的间接支持。联邦政府还在另外两个重要方面直接支持大学的发展。一是对大学科研的资金支持。加拿大联邦政府设立三大科研基金（社科、医疗和自然工程），由大学教授直接申请，是大学科研资金的提供方。联邦政府也通过研究席位和特别科研项目等方式不定时向各所大学提供科研项目投入。二是针对学生个人的学生贷款项目,由学生个人申请,联邦政府根据学生的家庭收入提供贷款。我了解的情况是,加拿大本科毕业生毕业时有一半的人有学生贷款,平均每人3万加元。

谈完联邦政府,再来谈谈省政府。省政府的选举也是政党选举,但各省的政党和联邦政党没有隶属关系。阿尔伯塔省在任的政党是联合保守党,虽然在政见上和联邦议会保守党相似,但它是独立政党。阿尔伯塔省的第一在野党是新民主党,虽然和联邦的新民主党名字都一样,政见也类似,但它也是独立政党。阿尔伯塔省有87个选区,阿尔伯塔省议会有87个全职议员,英语叫立法会议员(members of legislative assembly,MLA)。每期GALD项目,我都会尽量请省里的一位议员跟大家见面,回答大家的问题。跟联邦选举一样,在省选时,几个政党派代表到各个选区竞选,获得最多选区的政党组阁成立政府,党首即成为省长(premier)。加拿大的省长任命各厅厅长(minister)。阿尔伯塔省政府设有两个教育厅:一个是基础教育厅,负责中小学教育;另一个是高等教育厅,负责高等教育。省长还要任命省督(lieutenant governor),省督是英国国王在该省的代表,各项法案需要省督签字才生效。

阿尔伯塔省高等教育法很长,有几十页,具体到一所大学董事会和学术委员会的成员来源和运转机制,直接指导大学治理。

除了通过制定高等教育法来管理高校,省政府在高等教育的发展方面有以下三个作用。第一，省政府是大学运转资金的提供者。我们在前面提到过，联邦政府是大学科研资金的主要提供者，那么省政府的钱就用来支付大学的教学和日常运转。阿尔伯塔大学总体预算的70%左右来自省政府。加拿大各省地下的资源属于各省，不属于联邦政府。阿尔伯塔省是石油大省，地下石油储量很大。在石油价格好的时候，阿尔伯塔省的财政宽松，对大学的投入也比较多。疫情那几年，石油价格不好，省里的财政吃紧，省政府开始减少对大学的投入。这一点对大学的影响巨大，我们在以后会详细谈。第二，省政府负责大学新专业的批准。中国大学设置新专业，需要符合教育部专业目录，加拿大大学设置新专业（或者取消老专业）只需要省政府批准。第三，省政府有权决定大学的学费标准。省政府不希望大学学费涨得太厉害，要保证老百姓的孩子都上得起学。

中国有市属高校，是市政府主办的高校。我听参加GALD项目的老师说，很多中国的市级政府也给当地的部属和省属院校提供一部分资助，感谢他们对当地社会和经济所做的贡献。但在加拿大，没有市政府会给大学提供资助，想资助也没钱。老百姓的个人所得税交给了联邦政府和省政府，市政府一分也得不到。市政府的唯一收入，就是老百姓的房产税。埃德蒙顿市每年给所有家庭的房产估价，税率是房产总价的1%左右，每年还要上涨一点。不收房产税，市政府就没有其他收入来源了。有参加GALD项目的老师问，市政府有没有土地使用权出让收入。答案是几乎没有，因为除了公园等公共土地属于市政府，其他地方都是私有的。公共土地也不能随便改变功能。总的来说，大学对一个城市的发展十分重要，但城市对大学的支持完全靠吆喝。市民的医疗和教育都是由省政府直接管理。市政府需要管的是供水供电、垃圾处理、治安和消防、公共图书馆、市政交通等。

阿尔伯塔省议会大楼

市议会也是选举产生，埃德蒙顿市分 12 个选区，每个选区的市民选出 1 名区议员，所有市民投票选出市长，这 13 人组成市议会。每期 GALD 项目，我也会请一位市议员跟大家见面，回答大家关于埃德蒙顿市的问题。有的城市的市议会选举是政党选举，比如多伦多。埃德蒙顿市议会是非党派选举，所有人以独立身份参加选举。中国的市政府以下还有区政府、县政府，县政府以下还有镇政府。加拿大市政府以下就没有行政区划了，也就是说再小的地儿也算个市，有自己的市长和市议会。市议会是市决策机构，确定市税收水平，通过市年度预算。市议会下面只聘一个人，就是市政经理（city manager）。市政经理向市议会负责，负责实施市议会的政策决议。市政经理聘用警察局局长、消防队队长、交通局局长、公路局局长等，再由他们使用预算，聘用人员管理城市，为市民提供服务。

省政府负责中小学教育的投入，对中小学的管理实行董事会制度。阿尔伯塔省一共分成61个学区，每个学区由一个董事会管理。比如，埃德蒙顿市是一个大的学区，每次市议会选举，老百姓在选举市议员和市长的同时，还要选出埃德蒙顿的9位公立教育董事会董事（trustees），埃德蒙顿市分为9个小的学区，每个小学区的居民选出一位董事。这9个人集体决定全市的中小学教育政策，任命教育局局长（superintendent），负责管理全市的中小学教育。superintendent是他们聘用的经理，全市中小学的校长都由这个人任命，向这个人汇报工作。每个学校的校长再负责聘用学校的老师。

埃德蒙顿市市政厅

第三章

加拿大的高等教育

加拿大人不把高等教育称为higher education,而是称为postsecondary education,即"中学后教育"。加拿大的高中毕业生,不用参加高考,只需要提交高中期末成绩就可以上大学。参加GALD项目的老师问过我,这样会不会造成家长贿赂高中老师,以提高学生的平时成绩。根据我的观察,不会。第一,这边违反诚信的惩罚力度非常大,所以没有人敢冒险。阿尔伯塔省中小学老师年薪非常不错,6万加元起,每年增长,10万加元封顶,谁会冒险收礼?丢掉工作不划算。家长也从来不给老师送礼,也就是圣诞节给他们送张卡片,不少还是孩子自己画的,不花钱。第二,如果知道孩子不是上大学的料,家长不会弄虚作假让孩子上大学,原因是上了也毕不了业。

加拿大高中生的升学压力不大。我刚来加拿大的第二年,在一所高中旁边租了房子,看全校学生下午3:30放学,感觉十分诧异。我记得当年在国内,我们高中晚上10:00才下自习,周六也上课,只有星期天下午歇会儿。我查了一下加拿大统计局的数据[1]，发现加拿大适龄人口的入学率，其实跟中国差不多。中国的统计口径是18～22岁，18岁上大学，四年毕业。加拿大的统计口径是18～24岁，多了两年。有两个原因。首先，加拿大没有应届生的概念，高中毕业的学生可以旅游一年，或工作两年，再拿当年的高中成绩去申请大学，加拿大人管这个叫gap year。第二，加拿大大学实行完全学分制，修几门课交几门课的学费。学生可以每学期少修几门课，多工作几个小时，补贴学费或生活费，多花几年毕业。加拿大18～24岁人口的高等教育参与率是48%，比中国的51.6%低一点。

那为什么加拿大高中生可以不紧不慢，下午3:30就放学呢？他们怎么就没压力呢？这是我一直思考的问题。

可以从几个方面解释。我们中国管高考叫"独木桥"，大部分人认为高考是通往成功和幸福的唯一方式。我刚来加拿大的时候，知道有个"加拿大大学与学院联合会"，看了他们的一份报告。报告介绍了加拿大高等教育的总体发展情况，其中有一项是比较上了大学的人和没上大学的人的年度平均收入差异，为的是说明上了大学的人挣钱多，鼓励加拿大年轻人上大学。我当时纳闷，这还用比较吗？不是明显的事儿嘛。中国学生削尖了脑袋要上大学，怎么加拿大学生还需要鼓励？后来发现，在加拿大这种比较和鼓励很有必要。加拿大人口少，人工贵，脑力劳动者和体力劳动者的工资差异小。在中国，我换个马桶、刮个大白、铺

---

[1] https://www.150.statcan.gc.ca/t1/tbl1/en/tv.action?pid=3710010301

个地板，都是找人干。大部分建材承诺包免费安装，原因是干体力活的人多，收的钱不高。在加拿大，我学了个新词，叫 handy man，就是啥活都会干的人。所有加拿大人都是 handy man，不是因为手巧，是因为雇人干活太贵，不舍得，能干的都自己干，不会干的，学着干。在加拿大生活，我开始自己换水龙头，自己通下水道，自己刷墙漆。家里的工具也开始多起来，什么事儿都尽量自己干。

两年前，家里厕所的棚顶潮湿下沉，我自己搞不定，需要找人干。其中一个人是专门刮大白的，平均一个小时收费五六十加元。他一边干活，我们一边聊天。我问他爱人是干什么工作的。他说他爱人有硕士学位，是省政府公务员，做公共政策分析的。我感到十分惊奇！看样子加拿大体力劳动者，不但和脑力劳动者收入差异不大，而且社会地位也不低。阿尔伯塔省是石油大省，石油价格高，日子好过的时候，油田用人多，高中毕业的男生，没有技术，有体力，就能到油田工作。虽然地方远点，条件差点，生活无聊点，但年薪我听说能达到 10 万加元，比大学新入职的年轻助理教授工资还高（大学老师的工资标准我们之后细谈），马上就可以买辆崭新的皮卡。

在加拿大人看来，不上大学也能找到工作，工资也可观。我后来发现，在加拿大当警察也不用大学毕业，高中读完两年就行。当不了警察，可以当卡车司机，时薪也接近 30 加元；还可以做公交车司机，工资不低，待遇也好，听说他们看牙、洗牙不计次数，保险都包了，因为需要微笑服务，微笑就得露牙。加拿大各省的法律规定了各省的最低工资，阿尔伯塔省每个小时的最低工资现在是15加元，无论干什么工作，时薪都不能少于这个数。每个小时15加元的标准，是为了保证即使拿最低工资的人，也能吃得起饭、住得起房，能养活孩子。我听说，快餐店、咖啡厅、加油站的工作一般都是最低工资，或者稍微高一点，但加拿大人都不愿意干，联邦政府只能通过出台移民政策，从国外招短期工人来干这些工作。菲律宾和印度来的人多，因为他们能说英语。在加拿大买咖啡、汉堡，能见到说标准英语的白人服务员太难了。总的来说，加拿大人口少，人工贵，收入水平差异小，不上大学的人只要努力工作，日子过得也可以，也能结婚生子、养家糊口。这样一来，加拿大人上大学的动力就没有中国人大。这是加拿大高中生不慌不忙、不紧不慢，没有压力的一个原因。

另外一个原因是，加拿大的高等教育资源比较多，大家可以不争不抢、慢条斯理，人人都有机会。我看到一份关于世界各国高等教育获得率的比较分析报告，加拿大全体15岁以上人口的高等教育完成率为22.67%，而中国15岁以上人口上过大学的只有2.71%[1]。加拿大25～34岁的人口，高等教育的获得率更高，为66.4%，其中包括大学30%，学院20%，还有技术学院14%，其他2.4%（比如短期的职业培训）[2]。中国的高等教育规模非常大。而加拿大总共才有250多所高校，是一个非常小的体系。我听加

---

[1] https://ourworldindata.org/tertiary-education
[2] https://www150.statcan.gc.ca/t1/tbl1/en/tv.action?pid=3710010301

拿大的同事说，只要高中毕业生愿意，几乎都有机会进高校学习。在加拿大，初中到高中不淘汰，高中到大学，如果不挑剔，也不会被淘汰。但像我们上面分析的那样，不是所有的学生都愿意上大学，也有的学生家里没有钱上学，所以只能先自己工作攒钱。

加拿大高等教育有不同类型，有大学、学院和技术学院。加拿大的大学，就是本科及以上的院校，可能是教学型本科大学，没有硕士、博士，也可能是科研型大学，培养本科、硕士和博士。加拿大本科以上的大学一共也就100所。加拿大的学院就是两年专科，或者大部分是专科，全国一共150多所。学院也有两类：一类是跟美国的社区学院（community college）相似，以文科为主，一般两年；另一类跟中国的职业技术学院类似，加拿大叫polytechnic institutes，以职业技术类的专科为主，培养的重点是trade。trade，不是贸易，而是技术工人，如电工、木工、汽车修理工、电焊工、管道工、仪表工，还有水暖工。我们拿水暖工的培养举个例子。北美大部分家庭住独立房子，都是自己供暖、自己烧热水，对水暖工需求多。我们家的邻居有一个人是水暖工，收费标准是每个小时70加元。他上的就是专门的职业技术学院。我的邻居跟我说，注册水暖工，需要4年毕业，一开始就需要找个师傅，每年上课2个月，跟师傅工作10个月。4年的培养非常全面、标准，直接动手，实践性强。

阿尔伯塔省把省内的26所政府投入的公立院校分得更具体些，共分成6类[1]。第一类称为综合性教学与科研大学

---

[1] https://www.alberta.ca/types-publicly-funded-post-secondary-institutions.aspx

（comprehensive academic and research university），阿尔伯塔大学就是此类大学。第二类称为本科教学型大学（undergraduate university），只有本科，没有硕士和博士专业。第三类称为独立学术院校（independent academic institution），也都叫大学，是本科，但规模小，以往是教会学校，现在有的变成公立学校，有的还保留宗教性质，但都接受政府资助。第四类称为综合社区学院（comprehensive community college），遍布全省各地，大部分是两年专科，可能有一两个专业可以授予本科文凭。第五类称为职业技术学院（polytechnic institution），大部分是专科，培养技术工人。还有一类 the banff centre，是在班夫国家公园的一个艺术中心，让音乐家、诗人、作家、画家去靠近自然，寻找灵感，没有学生，也归不到其他 5 类院校中，所以专门为它设置了一个类型，就叫特别艺术与文化中心。阿尔伯塔省对 6 类高校的类型划分管理严格，不轻易改变类型。专科不轻易升本。本科教学型高校不轻易培养硕士。职业技术院校最多设置应用本科，三年在学校上课，最后一年全职到公司企业工作，其他的都保留两年专科。科研型本科院校如果想开设职业技术类的专业，省里也不会批准。

　　加拿大的家长与中国的家长想的不一样。第一，他们喜欢尊重孩子意见，孩子爱学什么就学什么。第二，很多阿尔伯塔省的家长对职业技术学院情有独钟，希望孩子学一门技术。如果让他们选择，大学不一定是第一选择，很多人的第一选择可能是职业技术学院。大学本科毕业，尤其是学普通文科和理科的，就业的确挺难。这边的油气行业用人比较多，职业技术学院的培养接地气，直接面向就业，孩子毕业后好找工作。职业技术学院就上两年,学费少,能两年学到的技术,干吗学四年呢?第三,加拿大职业技术学院的培养质量非常好。加拿大北阿尔伯塔理工学院(Northern Alberta Institute of Technology),就在埃德蒙顿市,每批参加 GALD 项目的老师过来,我都带他们过去参观。他们都说跟国内职业技术学院相比较,这个学校的硬件非常好。我之前看到一个阿尔伯塔省对不同院校生均拨款的数据,发现各类院校得到的拨款很均衡。我还发现一个从来没听说过的小学院,也不知道在哪儿,它的生均拨款最高,高于阿尔伯塔大学这所科研型大学。后来听说,它是一个培训驾驶大型挖掘机的地方,对设备要求比较高。

　　加拿大大学里的同事把中国大学的拨款方式叫区别拨款。有的大学获得的资助多,有的大学获得的资助少得可怜。中国高中生压力大,竞争性强,因为都想去北上广资源最好的"双一流"大学。一般大学和好大学专业同质,培养质量有差异,直接影响将来就业。中国技术工人少,待遇开始提高了,但技术工人的社会地位没有得到相应的提升。加拿大联邦政府只负责大学科研项目资助。大学的日常运转费用,都来自省政府。而省政府对各类高校的投入比较均衡,满足各类学校的发展需要。加拿大不少老百姓喜欢把孩子送到职业技术学院学技术,他们很多就是从职业技术学院毕业的。

　　回到我们之前的问题,为什么加拿大的高中生优哉游哉,竞争压力没那么大?最重要的一个原因就是,不是所有的学生都抢着进阿尔伯塔大学这样的一流科研型大学。学校不分三六九等,学生志向分散,竞争的压力也就没有中国的大了。

第四章

加拿大大学的排名

我们上一章谈到加拿大的高等教育，知道加拿大的高等教育规模不大，一共就 100 所大学，150 个学院。虽然体量小，但质量非常不错。一谈到质量，就要看排名。加拿大有 100 所大学，但最主要的科研型大学，有医学院、设有博士点的、在国内和国际排名靠前的，有 15 所，它们组成了一个联盟，叫作 U15。中国有 C9，加拿大有 U15。参加 GALD 项目的老师过来，我一直跟他们提加拿大的 U15 大学。如果中国的大学想跟加拿大的大学在科研项目上合作，应该主要从这 15 所中选。安大略是教育大省，U15 有 6 所在安大略省。魁北克省占了 3 所。东部靠着大西洋的 4 个小省只有一所 U15，在新斯科舍省。西部的 4 个省一般都是一个省一所，阿尔伯塔省有两所，一所是阿尔伯塔大学，一所是卡尔加里大学。

加拿大 U15 的世界排名怎样呢？我们可以拿 2022 年 QS 世界大学排名，跟中国的 C9 做个比较。总体来看，中国 C9 大学和加拿大的 U15 大学排名相当，清华和北大排在多伦多大学和麦吉尔大学之前，非常了不起。中国有 6 所大学排在阿尔伯塔大学的前面，它们是清华、北大、复旦、浙大、上海交大和中国科技大。参加 GALD 项目的老师过来，阿尔伯塔大学的领导在做报告的时候一直提道，阿尔伯塔大学是在加拿大排名前五的科研大学，是世界百强大学。加拿大前五的地位基本稳定，世界百强大学的说法也没问题。中央电视台曾经拍摄了一系列世界百强大学的纪录片，2006年摄制组来到阿尔伯塔大学，拍摄了纪录片《世界著名大学——加拿大阿尔伯塔大学》。当时的摄制组还采访了阿尔伯塔大学校长。这位校长从2005年到2015年，一共在阿尔伯塔大学当了10年校长，一直希望继续提升阿尔伯塔大学的排名，目标是挤进世界大学排名的前50名。2014年，阿尔伯塔大学的QS排名是96。2015年，阿尔伯塔大学的QS排名是84，感觉离目标越来越近了。可是到了2019年，阿尔伯塔大学的QS排名一下子降到109。到了2020年，降到了113。2021年，降到了119。2022年，降到了126！这下降得也太快了。同样一所大学，这几年的发展基本平稳，怎么能降得这么快呢？

感觉排名是国际部的同事该关注的事。黄岑博士是阿尔伯塔大学国际部的部长，一直在关注这个事。她还联系了QS排名的北美联系人，询问为什么我们降得这么快。据说QS排名一个重要考量是学术声誉（academic reputation），比重占40%，而阿尔伯塔大学在这方面得分比较低。阿尔伯塔的文化就是务实、低调、内敛，不爱打扮，不懂得宣传。很多大学的宣传部都会设计印刷一个精美的大学宣传册，阿尔伯塔大学竟然没有。阿尔伯塔大学国际部去国外招学生，我们需要自己收集材料，自己设计印刷宣传册。我之前也说了，来加拿大之前，就从来没有听说过这所大学。来参加GALD项目的老师，也是一样的感觉。2020年，阿尔伯塔大学医学院的霍顿教授获得了诺贝尔奖,本希望这会提高一下学校的学术声誉,重振一下学校的排名,但 QS 排名还是下滑。可喜的是,2022 年的上海交大世界大学学术排名把阿尔伯塔大学拉回世界前 100 名(92)。看样子阿尔伯塔大学要宣传软科(Shanghai Ranking)啦!

总的来说,加拿大的综合大学排名不低,跟中国最好的前几所大学相当。GALD 项目从 2015 年起,每年夏天都举办一期针对来华留学管理人员的培训,学员都是中国好大学负责国际招生和国际学生服务的干部。我从他们那儿了解到,中国大学都希望多招收北美和西欧的学生,实现生源多元化,扩大来华留学的影响。但是他们来了之后发现,其实很难从这些地方招生。即使是清华和北大,国际排名比加拿大所有的大学都高,也不容易从北美招到学生。为什么呢?原因可能有两个。首先,尽管中国过去几十年在某些领域技术发展迅速,但总体的科技水平还是不能跟欧美国家平起平坐。其次,是语言。19 世纪中期后,英语开始取代法语成为世界语言,英语能力成为学生能力的重要方面。汉语的世界地位在上升,但英语作为世界语言的地位,在未来很长一段时间内,不会被撼动。[1] 中国大学为了招生,还要开发英语课程。科技水平和语言这两个因素很可能在未来很长一段时间影响中国大学的国际生源。

中国大学把排名看作世界一流的标准,除了看综合排名,还

---

[1] https://alexika.com/blog/2018/11/29/top-business-languages-of-the-world

看学科排名。加拿大大学看排名，综合排名降了就紧张；学科排名也看，据我最近观察，阿尔伯塔大学开始注意对学科排名的宣传。因为不好意思再提世界百强大学，但我们有很多学科都是世界百强，如医学、工程和计算机，这些都值得宣传。但对于哪个学科，如何进的百强、五十强，好像阿尔伯塔大学没有分析过，大部分人都将其归结为历史的积淀。很多国内大学规划处和科研处的老师来参加 GALD 项目，经常提到 ESI 千分之一、百分之一。这边的老师听了一脸茫然，不知道是什么。加拿大大学行政领导看排名，因为这是脸面，是声誉，也算是他们的"政绩"。加拿大大学的老师们发文章，不怎么看刊物的影响因子和排名，只要是盲审的就好，不一定是 SCI 或者 SSCI。这跟这边的科研评价政策有关系，我们之后细谈。

另外，加拿大的学生和家长也不怎么关注大学的排名，我认为原因有二。第一，大学的排名是科研排名，孩子上本科跟科研关系不大。第二，对于本科教学，加拿大各所大学，无论在哪个省、哪个地区，无论是科研型大学，还是教学型大学，无论是几万人的大大学，还是几千人的小大学，教学质量都差不多。教学质量平等的一个证据，就是学生可以互相转学，学分互认。有一次，武汉一所省属本科大学的几位老师来阿尔伯塔大学访问。阿尔伯塔大学的同事问他们，他们学校的学生可不可以转入武汉大学。这几位老师都笑了，感觉不可思议。加拿大就可以。埃德蒙顿市的一所教学型大学麦克文大学（MacEwan University），只有本科，不能培养硕士、博士。参加 GALD 项目的老师过来，我也带他们去参观这所大学,看看加拿大本科教学型大学是怎么办的。麦克文大学的本科生就可转到阿尔伯塔大学,可以个人转,也可以通过协议转。比如,他们没有工程专业,但他们有和阿尔伯塔大学的协议,可以培养工程类一年级的学生,然后转入阿尔伯塔大学完成本科。在加拿大,转学不但可以在本市、本省内转,也可以跨省转。

加拿大各省的大学在本科阶段,学科设置十分相近,教学质量也相当。本科毕业生在社会认可度和就业能力方面,都没有差异。我听加拿大的同事说,这跟美国有所不同。如果一所大学教学质量满分为10分,加拿大所有大学的得分都是7～8分,都挺高。美国的大学得分,可能是3～9分,有的特别高,真的世界一流,接近满分,但有的就是不及格。加拿大用人单位在招人的时候,从来不看学位证,也不看成绩单。他们认为本科阶段所接受的教育质量平等,不考察哪个学校毕业、平时成绩多少,只通过面试考察个人能力。

加拿大家长选学校,选的是专业,英语叫program,看哪个学校有适合自己孩子的专业,对所有专业的教学质量都挺放心。

中国学生来加拿大留学,他们的家长只看排名,首先选择世界百强、二百强的大学,对其他加拿大的本科教学型大学不闻不问,一概否定。他们不知道,其实在加拿大,各个学校的本科都差不多,教学质量都不错。加拿大有个公司,开发了一个App,帮助加拿大高中学生在全国大学范围内寻找适合自己的专业。他们想把这个App引进中国,让计划留学加拿大的学生使用,在加拿大寻找合适的专业，但没有人理会他们，没有人愿意引进。他们看到我的一篇分析中国学生留学趋势的文章[1]，给我发邮件，问我为什么。我回答说，中国家长选择学校很简单，首先看排名，排名不好的学校，专业再好，再有特色，他们也不会选。

---

[1] Liu W. The International Mobility of Chinese Students: A Cultural Perspective[J]. Canadian Journal of Higher Education, 2016, 46(4): 41-59.

第五章

质量保障体系

中国政府是中国高等教育的资助者、管理者和评价者。加拿大政府也是加拿大高等教育的资助者，这一点毫无疑义。加拿大公立大学主要靠政府投入。那么加拿大政府是不是高等教育的管理者和评价者呢？我在前文也提到了，加拿大教育的管辖权在省政府，不在联邦政府。在中国，我们说大学的职责是人才培养、科学研究、社会服务和文化传承。如果把这四个职责套用到加拿大的大学，也没错，但不同的是，加拿大的大学是省属大学，谈到大学的教学、科研和服务，一般都是针对本省说的，教学为本省培养人才，科研要拉动本省经济，服务要服务本省民众，传承也得传承本省文化，可以说没有大局意识。所以可以说，加拿大的省政府是各所大学的所有者、管理者和评价者。但是我在之前就强调了，联邦政府在高等教育领域也不是没有影响，各省教育也不是完全各自为政。

联邦政府的一个角色是大学科研资金提供者。加拿大没有独立的科研院所，所有的科研项目都在大学进行。这样一来，联邦政府的科研经费都投给大学。联邦政府在设立科研项目、提供科研资金的时候，可以影响大学开展科研的规模和方向。

除了联邦政府的三个主要的联邦科研基金（医学、工程和人文），直接为大学的研究人员提供资金外，联邦政府还有一些主动引导大学研究方向的资助项目，如加拿大创新基金会（Canadian Foundation for Innovation）和加拿大研究席位项目（Canada Research Chairs Program）等。许多这样的项目需要企业伙伴，以确保在大学进行的研究具有行业相关性。2003年，联邦政府建立了一个永久性的项目，叫间接成本项目（Indirect Costs Program），为加拿大的大学和学院提供年度拨款，以支付部分间接研究成本。这样，研究项目的间接费用就不用一项一项拨，而是一起给大学，其根据是大学获得联邦科研项目基金的总体规模。加拿大大学一方面越来越多地依赖联邦政府拨款和联邦政府提供的科研项目资金，另一方面又担心，对联邦政府的依赖会削弱大学的科研自主权。

加拿大联邦政府的第二个角色是转移拨款者。我听说历史上分医疗和教育两块，后来钱少了，就并在一块儿，让省政府自己决定钱到底用在哪儿、怎么用。虽然里面包括给大学的钱，但联邦政府不能直接给大学，因为直接给大学就违宪了，省政府不干。宪法规定的是，教育归省政府管，越过省政府直接接触大学不行，给钱也不行。

联邦政府的第三个角色是学生贷款提供者，由学生个人申请贷款。加拿大政府喜欢直接给个人发钱，因为是选举体制，哪个政党上台，都喜欢取悦民众。直接把学生贷款发到个人，体现了政府的关怀。除了给大学生贷款，联邦政府还给孩子和母亲发钱，就是我们国内说的"牛奶金"，政府根据家庭收入状况，按标准每个月给每家发点钱。

把联邦政府的三个角色放在一起看，就会发现一个共性，即联邦政府对高等教育的影响完全靠预算，不靠政策。他们有权出钱，但无权直接出台政策。

虽然无权直接给高校出台政策，但联邦政府的相关政策，如移民政策、外交政策、劳动法规等可以间接影响大学的发展。我拿移民政策举个例子。中国孩子要来加拿大留学，大学考察的是学术能力，看高中平时成绩，看雅思托福成绩，通过了就发录取通知书。有了通知书，孩子去办签证，大学就管不到了，要看联邦政府移民部的政策。移民部要考查学生家庭财政能力、有没有移民倾向。大学都想多招国际生，国际学费是大学收入的一个重要来源。但如果签证政策太严苛，想招生也招不来。从外交政策上看，如果加拿大和另一个国家关系不好，那个国家可能会限制学生来加拿大，这就影响加拿大大学招生。还有，加拿大历史上的一个劳动政策是不让留学生在在读期间打工，怕影响当地人就业。这也会影响国际招生。后来让留学生工作了，有时间限制，一周20个小时，有地点限制，就在校内。再后来，时间限制保留，地点放开了，哪儿都可以。还有毕业后让不让留下来的问题。跟其他几个英语国家比，在加拿大大学毕业后移民政策好，加拿大直接给留学毕业生三年开放工作签证，他们可以先留下，再找工作，找到合适的，就可以移民。留学生来之前要证明自己没有移民倾向，毕业了加拿大又希望他们留下来，因为他们是人才了。这些都是有利于大学的政策。

我们可能听过，美国有六大大学认证机构，是非官方的、行业协会性质的，但美国联邦教育部认可。说起美国联邦教育部，需要强调一下。虽然美国有联邦教育部，但美国联邦政府在管理高等教育方面，起的作用和加拿大联邦政府一样，都是只出钱、不出台政策。美国的每所大学都需要得到一个区域认证机构的认证，还要在网站上宣传，证明自己的教学质量过关，让学生放心。我在上一章提到，加拿大各所省属大学的总体质量比较高，教学质量也比较平均。那是不是因为也有一个全国的认证机构，以保证最低教学质量，实现平衡发展呢？答案是没有。加拿大大学的法律、护理、医学和工程专业，都叫行业专业（professional program），需要有行业标准，它们有全国甚至整个北美地区的行业协会认证，课程设置、培养标准都是外部协会制定，没有通过认证的大学不让招生，即使招生了，学生毕业也得不到行业从业执照。阿尔伯塔大学的工程学院、法学学院、医学与口腔医学院、护理学院都通过了认证。教育学院也是行业学院，但教育是省政府的管辖范围，中小学教师的培养各省有标准，没有全国标准。我是教育学博士，也在加拿大做了教育博士后研究，我可以做研究，但不可以进入阿尔伯塔省中小学当老师。如果想当老师，我必须在阿尔伯塔省的教育学院重读本科，光读硕士、博士还不行。加拿大人的理解是，本科是行业培养，需要有实习等规范程序，以保证师范生获得当老师必要的知识和技能。硕士、博士是学术培养，不是一回事。

除了全国的行业协会管理各个大学的行业专业，加拿大还有两个高等教育协会，一个是加拿大大学协会（Universities Canada），另一个是加拿大学院协会（Colleges & Institutes Canada）。都采用会员制，是非官方的协会，各所大学自愿加入，运转靠会费。加拿大有学者认为，这两个协会起到了一个非正式的质量保障作用，能成为这两个协会的会员，就说明科研、教学和管理服务的质量不错，达到了一定的水平。这有点像美国的认证机构。我们上一章，还着重谈了另一个大学联盟 U15，即科研大学前 15 所组成的联盟。这些组织和协会，提供了同类院校交换经验、参考绩效、互相学习的平台。当然，这些组织和协会都是自下而上的，自发成立的，不是政府主导的。

　　加拿大还有一个省政府之间的、关于教育问题的交流平台，保证各省之间的政策通气，那就是各省教育厅厅长联席会（The Council of Ministers of Education, Canada，简称 CMEC）。有一年联席会在阿尔伯塔省召开，阿尔伯塔大学建议邀请中国国家留学基金管理委员会列席，谈中加高等教育合作。虽然加拿大是联邦制，各省教育自成体系，但这个每年一次的厅长联席会，算是加拿大高等教育保持均衡、协调和高质量发展的重要机制。这个厅长联席会也承担了大学认证机构的一部分功能。每年开会后会发布白皮书一类的文件，对某些问题做原则性的表态，由各省教育厅厅长共同签字。但这也只是对话机制、通气机制、协商机制，不是政策机制，不能制定高等教育发展的国家标准，原因是它没有制定国家高等教育政策的权力。有人会问，高等教育的管理主体是省政府，省政府管理教育的机构是教育厅，那各省教育厅厅长共同签字的文件，为什么不能成为国家的质量标准，作为全国性的政策呢？这就涉及加拿大高等教育治理的一个重要原则，那就是大学办学自主。各省教育厅厅长在共同签署的文件最后，总会强调一点，即大学学术和教育的质量保障，其权利和责任的主体在大学。就是说，教学质量保障是大学自己的事，是大学自主办学的一部分，省政府承认并尊重大学是教学质量保障的主体。

从法律意义上讲，加拿大的大学都是省属大学，省政府是大学管理者和评价者，省政府有权建立大学，授权大学开设专业，授权大学招学生，授权大学颁发学位，它才是真正意义上的大学认证机构。虽然省政府是大学的管理者和评价者，但省政府对大学的管理比较间接，和大学保持一定的距离，有个说法叫一臂之遥（arm's length）。

这一臂之遥如何保持，我们得细谈。加拿大大学没有书记，有校长，但校长不是省政府任命的。大学都是董事会管理，省政府教育厅厅长任命大学董事会成员和董事会主席，董事会自己选校长。董事会是省政府和大学之间的中间机构，省政府通过任命董事会成员间接管理大学。关于董事会的构成和职责，我们之后细谈。董事会选出校长，校长是校内学术委员会的主席，领导学校学术事务。学术事务是大学内部事务，所有质量保障的政策和流程都是学术事务，如学生录取标准、培养标准、毕业标准，教师的聘用标准、评价标准、晋升标准、大学的学术规划等，这些学术事务政府都无权过问，大学自己说了算，体现办学自主。这一点，我们之后细谈。

我们之前提到了加拿大省政府管理大学的三个职能，这里再具体补充一下。首先是给大学提供运行资金。阿尔伯塔省的大学财政年从每年4月1日开始，到第二年3月底结束。每年3月大学向省政府提交年度综合发展规划，就是跟政府汇报当年想干什么，需要多少钱。政府在给钱的时候，会给大学董事会一封信，叫"期待信"（letter of expectation），信里会提到给多少钱、希望大学做哪些事情，都是原则性问题，但至少有一条是希望大学保持招生人数。钱不少，学生就不能少。还有一条，就是大学能不能涨学费、能涨多少。这就是省政府管理大学的第二个职能，即确定学费标准。阿尔伯塔省政府一揽子给大学一笔钱，按照上一年的水平微调，但大学的期望是至少比上一年增加2%～3%，因为通货膨胀率。但如果财政收紧，拨款可能减少。如果不让涨学费，由于通货膨胀，大学就期望政府把通货膨胀的部分补给大学。钱拨给大学后，大学具体怎么花，省政府就不方便过问了。大学每年年底会给政府提交年度总结，说明钱都花哪里了，然后会聘用第三方审计机构，为大学做审计报告再提交给政府，证明钱没瞎花。

中国有一个教育部高等教育教学评估中心，五年一轮对高等院校进行教学评估，可以派专家组到校考察评估，阿尔伯塔大学的一个前教务长还是海外专家，到过中国大学参加评估。前文分析了加拿大各省政府是事实上的大学认证和评价机构，但加拿大各省对高等院校教学质量的监控和管理做得很少，大部分精力都放在如何给大学筹钱、发钱，如何制定资助政策帮助学生，让他们上得起学这些方面。没有省份愿意花钱、花精力去成立一个机构给大学做评估。对大学的教学质量，政府一般相信大学会"做正确的事情"，有能力管理自己，把自己的事情办好。政府把质量监控的权力下放给大学，尊重大学办学自主，让大学自己建立内部机制，监控和管理自己的教学质量。唯一需要省政府做评估的时候，就是大学要开设新专业的时候。这就是省政府的第三个职能，即审核批准新专业。要开设新专业，就需要省政府增加预算来支持这个新专业，省政府必定认真对待。加拿大的10个省中有7个省，包括阿尔伯塔省，都成立了专门审核新专业的机构。阿尔伯塔省的叫Campus Alberta Quality Council，由教育厅厅长邀请专家，评估新专业，看社会是否真的需要，有没有足够师资，财务是否具有可持续性。这也是政府和大学保持"一臂之遥"的方式。这个机构的唯一职能就是审核新专业，没有其他职能，不能下校评估。总的来说，加拿大各省政府理论上是大学的管理者和评估者，但管理和评估的职责大部分下放给学校，尊重大学办学自主。

纵观加拿大高等教育的质量保障体系，我认为加拿大的高等教育是一个非常分散的体系，没有联邦高等教育部，没有全国高等教育政策，没有全国的教学质量审核和认证体系，没有全面综合的高等教育数据收集体系，几乎没有高等教育发展的长远规划，全国范围的政策研究体系也非常有限。[1] 所谓"分散"（decentralized），即非中央化的，以地方为主的，没有中心的。

---

[1] Jones G A. An Introduction to Higher Education in Canada[M]// Higher Education across Nations. Delhi: B. R. Publishing, 2014(1):1-38.

教育的管理权在各省，各省的管理权下放到大学。加拿大全国各省的高校都能够做到均衡、高质量发展。这是怎么做到的呢？如果加拿大的高等教育体系是一篇散文，那是如何做到"形散而神不散"的呢？我想有三点。

第一，投入均衡。各个省都倾全省之力，支持一所或几所大学，满足本省人才需要，让其教学质量达到世界一流。联邦政府税收的转移支付根据各省的人口和经济发展水平，帮助协调实现各省的资源均衡。第二，政策参考。各所大学通过各种机制，在国内大学之间做政策参考，比如U15之间约定，彼此公开自己大学的所有数据，以供其他大学比较参考。还有前文提到的加拿大大学协会和加拿大学院协会，以及各省教育厅厅长联席会，都是政策参考的机制。政策参考不但参考本国的，还参考美国的、英国的、澳大利亚的。2020年阿尔伯塔大学要做院系调整的改革，就参考了澳大利亚的经验。我们学校国际化做得不错，也有美国学者过来研究。第三，人员流动。加拿大大学人员流动的速度，的确比中国大学快，不但在本国流动，还在主要英语国家之间流动。阿尔伯塔大学的研究生院院长，刚刚被澳大利亚挖走，我们又从美国挖了一个理科学院的院长。我们刚从美国挖了一个科研副校长，我们的文科学院院长又被英属哥伦比亚大学一个分校挖去当教务长。阿尔伯塔大学各个院系有来自各个国家的教师。阿尔伯塔大学刚刚获得诺贝尔奖的霍顿教授，就是从美国聘来的英国人。教授和高层行政人员频繁的流动，让主要英美国家一流大学互相借鉴先进的经验。这正是开放办学、国际化办学的优势所在。

第六章

双院治理结构

谈加拿大的大学治理，我认为需要谈四个关系。第一是政府和大学的关系，第二是大学内部上下两院的关系，第三是大学和学院的关系，最后是学院和教师的关系。我们之前谈了很多政府和大学的关系，包括联邦政府和大学的关系、省政府和大学的关系。这一章我们开始谈第二个关系，即大学内部上下两院的关系。

我们上一章谈到，加拿大省政府是大学法律上的所有者、资助者、管理者、评价者。但在实际操作中，省政府采取间接管理，和大学保持一定距离，把管理和评价的权力下放给大学，尊重大学办学自主。但大学办学自主这个原则，不是一开始就有的。

加拿大大学的政策制定，喜欢参考多伦多大学。20世纪之初，针对多伦多大学的管理，安大略省议会吵得很厉害，其中一个大问题就是预算。每年多伦多大学校长需要呈交预算给省政府，说明哪些方面各需要多少钱，要把从教师的聘用和薪酬，到实验设备的购置，再到图书馆增加的馆藏一一列出来，政府要一行一行地看，一项一项地审，决定哪项给钱，哪项不给钱。这样的预算过程就让政府非常直接地参与了大学的管理，干预了大学办学自主。1905年，安大略省议会通过决议，改变多伦多大学的资助方式，改为年度一揽子拨款，一方面保持了大学预算的稳定性，另一方面，给了大学财务自主权。阿尔伯塔省大学的预算，还沿袭着这一传统。政府每年给大学一笔钱，根据历史微调比例，然后由大学决定怎么花。

在预算制度改革的同时，当时的安大略省省长还宣布，要全面审核多伦多大学的运行和治理制度，组建一个临时的专家委员会，即多伦多大学与大学学院皇家委员会（Royal Commission on the University of Toronto and University College）。大学学院就是多伦多大学成立时的第一个学院。为什么叫"皇家"呢？加拿大的国有企业叫皇冠企业（crown corporation），是国王陛下的企业。那么这个委员会叫皇家委员会，应该是要体现这是全国性的调查，是以国王陛下的名义进行的有权威的、服务全国的调查。这个委员会的一个领衔专家姓弗拉维尔（Flavelle），因此这个委员会被简单叫作"弗拉维尔委员会"。他们研究了英国大学的治理结构，又去美国考察了一些大学，最后提交了一份报告，这就是加拿大高等教育历史上有名的《弗拉维尔报告》。《弗拉维尔报告》里有这么一段话："我们研究了这一个大陆上其他州立大学的治理结构，发现各所大学治理的观点令人惊讶地一致，都认识到大学脱离政府直接管理的重要性。"[1]

报告认为，政府应该任命有识之士，担任大学董事会的董事，

---

[1] Jones G. The Structure of University Governance in Canada: A Policy Network Approach[M]// Governing Higher Education: National Perspectives on Institutional Governance, Dordrecht: Kluwer Academic Publishers, 2002: 213-234.

通过任命董事会成员的形式，间接体现政府的意志，实现对大学的监管。大学整体管理的权限应该交给董事会，而大学的学术政策应该是大学的学术委员会（senate）的责任。这样，《弗拉维尔报告》就在加拿大大学发展历史上确立了大学独立办学和双院制治理的传统。双院制（bicameral governance system）和国会的议会一样，有上院和下院。在大学，上院就是董事会，下院就是学术委员会。这个报告出来的时间是1906年，正是加拿大西部省份加入联邦，开始筹办省立大学的时候。人们都按照《弗拉维尔报告》的建议，建立了双院制的大学内部治理模式。我研究了一下阿尔伯塔大学的历史。1908年建校之初，大学只成立了学术委员会，这是当时大学里的唯一治理机构，大学所有的事情都通过这个机构讨论，可以说是一院制。1910年到1911年，阿尔伯塔省大学法被修订，大学的治理模式效仿安大略省的多伦多大学，采取两院制，一个是学术委员会，代表教授，负责大学的学术政策；还有一个是董事会，代表政府和市民，负责大学的财务和其他事务，是大学的法人。大学校长由董事会任命，是大学上下两院的纽带，是大学的行政一把手。

社会组织的趋同化是20世纪70年代后，社会学研究的新观察还由此形成了一个新的学派。[1]这个现象其实很好解释。我们买东西，都要物美价廉，最好的办法是问问身边的人，看他们都

---

[1] Meyer J W, Rowan B. Institutionalized Organizations: Formal Structure as Myth and Ceremony[J]. American Journal of Sociology, 1977, 83(2): 340-363.

买的什么。结果,大家都买类似的牌子。我们盖房子,都要冬暖夏凉,最好的办法是看看其他人的房子都是怎么盖的,结果一个村子的房子都建得差不多。如果我们是个社会组织,希望高质量、高效率运转,那我们肯定要考察一下其他成功的组织,看别人是怎么做的,炮制他们的制度。向优秀的组织学习,借鉴优秀组织的制度,这一相对理性的组织行为,就会导致社会组织制度的趋同化。我发现,加拿大的大学就是这样。虽然都是省属大学,但各省政府对大学的管理办法趋同。政府管得不多,大学就是一个相对独立的社会组织,具有相对高的独立性,但大学会找好的大学借鉴经验,建立类似的组织结构、实施类似的管理制度,所以加拿大大学的内部治理也实现了趋同。

今天加拿大各所大学都是双院制治理,上院叫董事会,下院叫学术委员会。唯一例外的是,现在的多伦多大学只有董事会了,成为一院制。在一院制的情况下,一般董事会的一个分委员会会变得非常重要,执行的是学术委员会的职责,也就成了实际上的下院。阿尔伯塔大学从 1910 年到 1942 年,上院都是董事会,下院都是学术委员会。到了 1942 年,阿尔伯塔省大学法再次修订,上院还是董事会,但学术委员会失去了管理学术事务的权力,取而代之的是新成立的学院总议会(General Faculty Council),同时,还成立了学院院长委员会。根据阿尔伯塔大学校史的记载,1941 年阿尔伯塔省是农民政党执政,省长在加东女王大学本科毕业。当年阿尔伯塔大学的行政部门,即校长办公室,希望把当年的荣誉博士学位颁发给这位省长。如果省长成了校友,肯定会支持大学的发展，对大学有好处。

荣誉博士学位也是学位，学位属于学术事务。既然是学术事务，当然是学术委员会的管辖范围。学术委员会通过讨论后投票，投票的结果是不给省长荣誉博士学位！省长参加毕业典礼的讲话稿都写好了，被告知学位取消了。大学校长没面子，但也没办法，毕竟是民主投票的结果。这位省长1942年选举连任成功，继续担任阿尔伯塔省省长，心里生阿尔伯塔大学的气，尤其是生学术委员会的气。结果省长决定改革，通过议会提案，修订阿尔伯塔省大学法，令大学组建学院总议会，把学术委员会学术管理的权限转移给学院总议会，这样就架空了学术委员会。但他也不好意思取消学术委员会，不然自己的意图就太明显了。学术委员会不是不给自己荣誉博士学位吗？那么就把这一项权力留给学术委员会，再给它一些虚的权力，如监督大学、给大学提建议。这样一来，从1942年起，阿尔伯塔大学的上院是董事会，下院是学院总议会（我们以后就把它叫学术委员会，因为这是它的功能）。虽然没有所谓的实权，我发现学术委员会工作倒是非常重要，起到了联系社会、参政议政的作用。这一点我们之后再细说。现在阿尔伯塔大学的政策是，不考虑给任何在政的政客颁发荣誉博士学位。

加拿大是英联邦成员，英王的事就是加拿大的事。第一次世界大战和第二次世界大战，英国一宣战，加拿大自然参战，保卫英王。我听说，保卫英王最英勇的是澳大利亚兵，第二英勇的是加拿大兵，第三英勇的才是英国兵。第二次世界大战之后，百废待兴,大批军人回国,美国和加拿大都推出了退伍军人计划,联邦政府出学费、生活费,让退伍军人上大学。这么多军人安排就业不好安排,不管也不行,让他们上大学是个不错的办法,花点钱,让他们获得就业的技能。1945年到1946年一年间,加拿大就有两万名退伍军人上大学,这相当于加拿大大学的在读大学生规模一下子增长了46%。一年之后,又有三万五千名退伍军人入学。在此之前,加拿大西部四个省,每个省倾全省之力办一所综合性大学,基本保证了本省人才的需要,英属哥伦比亚省是英属哥伦比亚大学(University of British Columbia),阿尔伯塔省是阿尔伯塔大学,萨斯喀彻温省是萨斯喀彻温大学(University of Saskatchewan),曼尼托巴省是曼尼托巴大学(University of Manitoba)。由于需求快速上升,西部四省开始办第二所大学,一般把之前各省第一所大学的一个分校变成独立大学。英属哥伦比亚省增加了维多利亚大学(University of Victoria),阿尔伯塔省增加了卡尔加里大学(University of Calgary),萨斯喀彻温省增加了里贾纳大学(University of Regina),曼尼托巴省增加了布莱顿大学(Brandon University)。

我在前文讲过,加拿大的高等教育是省政府的管辖范围,联邦政府不能越过省政府直接联系大学,给钱也不行,这是违宪的行为。老兵上大学,上的是省属大学,联邦政府直接把学费和生活费拨给大学,这就是干预了省政府的教育管理权限。省政府发声反对。后来联邦政府把拨给大学的钱,先拨给省政府,这就是我在前文所说的转移支付。我查了一下,联邦政府目前向省政府转移支付的钱，约相当于联邦政府预算的 22%。在这个背景下，加拿大的大学协会与学院协会联合会和加拿大大学教师联合会，共同资助了全国第二次大学内部治理结构的调查，聘用了两个专家，一个叫 James Duff，一个叫 Robert O. Berdahl。他们于 1966 年提交的报告，就叫《达夫 / 伯达尔报告》[1]。这份报告是加拿大高等教育发展史上的另一个重要文件。

报告建议加拿大大学保留双院制的治理结构，但增加大学内部群体在董事会和学术委员会的代表，同时提高两会的透明度。报告出来后，加拿大大学在 20 世纪 60 年代很快做出反应，增加了两会中的教师和学生代表。比如，1966 年，阿尔伯塔省新的现代大学法通过，提出大学管理的民主化，大学教授被纳为大学学术委员会成员，系主任不再担任学术委员会成员。1972 年，学生代表开始进入大学学术委员会。我看到一个比较数据，说 1955 年加拿大只有 9% 的大学董事会有教师代表，没有一所大学的董事会有学生代表。到了 1975 年，92% 的大学董事会有教师代表，78% 的大学董事会有学生代表。[2] 董事会的民主性加强了。再看下院的学术委员会。1965 年加拿大大学的学术委员会的学生代表只占 1%，到了 1975 年，学术委员会的学生代表的比例增加到

---

[1] Jones G, Shanahan T, Goyan P. University Governance in Canadian Higher Education[J]. Tertiary Education and Management, 2001, 7(2): 135-148.

[2] Jones G, Shanahan T, Goyan P. The Academic Senate and University Governance in Canada[J]. Canadian Journal of Higher Education, 2004, 34(2): 35-68.

14%，教师代表比例不变。大学的两会开会期间，所有社会上的人，都可以旁听，从而提高了透明度。参加 GALD 项目的老师过来，有的去旁听阿尔伯塔大学董事会和学术委员会的会议，他们都惊叹两会有学生代表，而且不少。董事会和学术委员会有了教师和学生代表，让整个加拿大大学的治理体系变得更有参与性，但也更复杂、更分散，同时削减了校长的权力。[1]

关于加拿大大学的治理结构，最新的一次全国调查研究是在 2012 年，有 45 所大学参加。这次调查的数据显示，全国大学董事会的平均董事人数为 27 人，其中 50% 是校外的社会人士，17% 是教师，9% 是学生，9% 是校友，6% 是校级领导，3% 是普通职员，3% 是校监（我们之后谈校监），3% 是校长。[2] 总的来说，董事 1/3 来自校内，2/3 来自校外（校友和校监都是校外人士）。有老师问，校外人士那么多，不知道大学的内部运行，那不是"外行管内行"吗？并不是。第一，董事会就是代表政府、代表社会、代表群众监管大学运行的机构，保证大学的发展满足社会各界的需要。第二，董事会成员虽然来自校外，但很多是非常专业的人士，有律师、会计师、企业家、银行家，都可以用他们专业的视角，检视大学的运行。我旁听过一次阿尔伯塔大学董

---

[1] Jones G, Shanahan T, Goyan P. University Governance in Canadian Higher Education[J]. Tertiary Education and Management, 2001, 7(2): 135-148.

[2] Jones G A. An Introduction to Higher Education in Canada[M]// Higher Education across Nations. Delhi: B. R. Publishing, 2014(1):1-38.

事会的会议，谈当年的预算，一个有会计师背景的老董事就提出，大学的预算缺乏可持续性。第三，大学的董事会成员包括主席，都是志愿者，不拿工资，免费服务大学。加拿大公共管理讲究的就是用不拿工资的人管拿工资的人。没有利益冲突，就会公正决策、毫无私心。第四，大学的董事负责监控的是大学财务状况，协调好和政府的关系，为大学创造好的社会环境，他们不负责大学的科研、教学等具体学术事务。这些学术事务的确需要内行人来管，所以大学内部事务，是学术委员会的事。这次调查的另一个数据显示，加拿大大学的学术委员会平均60个成员，包括46%的教师，22%的大学行政人员（副校长和院长等），17%的学生，5%的职工，3%的外部人士，3%的董事会董事，2%的校友，2%的大学校长。加上校友，校外人士一共才5%，其他都是校内人士，证明学术事务是大学内部事务，大学内部利益群体自己管理，体现大学的办学自主。

20世纪70年代还发生了两件事，让大学的治理更复杂、更分散。20世纪70年代前，大学校长由董事会直接聘用。20世纪70年代后，大学聘请校长，需要成立校长"选举委员会"，由各方代表构成，有行政人员、教师、学生代表，新校长由他们面试、确定人选，然后上交董事会，董事会的权力局限于同意和不同意。20世纪70年代前，教师工资、聘用过程、评职、晋升、辞退、工作量、职业发展等事务由大学董事会单方决定。20世纪70年代，各所大学的学术员工不断成立工会，以保障自己的权益，以上这些人事、薪酬等重要事务，转变为工会和董事会谈判决定，形成集体协议。

我们介绍的整个大学内部治理办法，加拿大人叫 collegial governance，不好翻译，直译为同事治理，意思是说，大学是个学者聚集的地方，他们有自主、自由，也有能力通过协商达成一致，共同管理大学。[1] 有参加 GALD 项目的老师把它翻译成"协同治理"，就是各个利益群体参与、共同协商的治理，我觉得更贴切。

---

[1] Jones G. The Structure of University Governance in Canada: A Policy Network Approach[M]// Governing Higher Education: National Perspectives on Institutional Governance. Dordrecht: Kluwer Academic Publishers, 2002: 213-234.

第七章

中加大学治理的比较

比较学习是 GALD 项目学员的主要学习方式。这一章,我们来比较一下中加两国大学治理结构。东北师范大学的严蔚刚老师是中国大学治理的专家,以前在东北师范大学的政策研究室工作,现在担任东北师范大学的宣传部部长,他也是我们 2015 年 GALD 项目的学员。我们两个一起喝了几次咖啡,讨论中加两国大学治理结构的比较,后来又看了一些文献,合作写了一篇英语的文章,2019 年发表在《高等教育应用研究杂志》(Journal of Applied Research in Higher Education)上。这一章的内容主要基于这篇文章,希望大家从我们两个人的观察中得到一些启示。

中国大学的治理结构,叫"党委会领导下的校长负责制"。加拿大大学的治理结构,可以说是"董事会领导下的校长负责制"。那么这两个制度有什么区别呢?有参加 GALD 项目的老师观察,中国大学的党委书记和加拿大大学的董事会主席,有些相近;中国大学的党委会和加拿大大学的董事会,也有些相近。党委书记和董事会主席都是政府直接任命,两个职位都是政府和大学的连接点。加拿大大学董事会主席,领导大学的董事会,主持董事会会议。董事会主要职责有三:通过大学发展战略、通过大学年度预算、选聘大学校长。中国大学的党委书记,领导大学的党委会，主持党委会会议。党委会主要职责有四：方向、干部、大事和人才。如果将发展战略理解为方向、将年度预算理解为大事、将选聘校长理解为选拔干部，那么与之相比，加拿大董事会唯一缺少的职能就是选拔人才。就总的职能而言，中国大学的党委会和加拿大大学的董事会的确差不多。还有一点，董事会主席不需要有学术背景。中国大学的党委书记也不要求有学术背景。

二者的不同，有两点。第一，加拿大大学的董事会主席不拿工资，是志愿者，兼职，不是大学的雇员，属于校外人士。我们上一章说了这一点。中国大学的党委书记要拿工资，全职工作，是大学的员工、大学的领导干部。

第二，董事会和党委会成员构成不同。

前文介绍过，中国的高等教育法是一个原则性的文件。加拿大没有全国的高等教育法，只有各省的。阿尔伯塔省的高等教育法是一个操作性文件，有几十页之长。阿尔伯塔省高等教育法对每个大学董事会的成员构成做了详细规定，大学必须执行。董事会必须包含以下人员：省督任命的董事会主席、大学校监、大学校长、教育厅厅长任命的人员。其中教育厅厅长任命的人员包括：校友会推荐的2名校友；参议会推荐的1名议员；2名学术员工，分别由学术委员会和学术员工工会推荐；2名本科生，由本科生会推荐（一般1名是本科生会主席，另外1名由选举产生）；1名研究生，由研究生会推荐（一般是研究生会主席）；1名非学术员工，由非学术员工工会推荐；不超过9名省督任命的社会人士（不包括主席）。

按此执行，阿尔伯塔省大学的董事会至少由 21 名董事构成，至少 13 名来自校外。之所以说"至少"，是因为参议会推荐的那名，也可能来自校外，因为参议会议员大部分来自社会。董事会成员在校内的代表来源也比较广泛，包括 3 名教职员工，3 名学生。大学行政干部只有校长一个人是董事会成员，几位副校长可以列席会议，回答董事提出的问题，但他们不是董事会成员，没有投票权。中国大学的党委会一般由 20～30 名成员构成，其中的 11 名进入党委会的常委会。这 11 个人一般包括书记和几位副书记、校长和几位副校长，还可能包括学校组织部部长和校长办公室主任。这样看来，中国大学的党委会常委都是大学内部人员，都是大学的行政领导，没有校外人士，也没有学生、教工和校友代表。人员构成没有加拿大大学董事会那么宽泛、复杂，好处是有效率，决策者也是执行者，决策快，执行也快，可以一边决策一边执行，一边执行一边决策。

参加 GALD 项目的老师的另一个观察是，加拿大大学的学术委员会和中国大学的校长办公会比较像。第一，加拿大大学的学术委员会的主席是校长，中国大学的校长办公会也是校长主持。第二，两者的功能也相似。加拿大大学的学术委员会决定大学所有有关学术的事务，包括学科、学位、校历、学生录取标准等等。中国大学的校长办公会决定大学学术和运行的重要事务，如年度预算、教学、科研、国际化和学生事务。第三，中国的制度叫党委会领导下的校长负责制，也就是说，党委会指导校长办公会的工作，中国大学的校长办公会和加拿大大学的学术委员会地位相当。

除了校长办公会，中国大学也有学术委员会，但根据参加GALD项目的老师描述，它更像一个咨询议事机构，偶尔有些决策权力，校长一般不是主席。有参加GALD项目的老师跟我说，中国大学的校长一般是行政一把手，不是学术一把手，不让校长担任学术委员会主席，是为了区分行政权力和学术权力。我感觉加拿大的大学校长被认为既是学校的学术一把手，也是行政一把手。从政策决策的功能上看，加拿大大学的学术委员会和中国大学的校长办公会更有可比性。二者的不同，主要还是成员的不同。中国大学的校长办公会成员和党委会成员有很大重叠，所有党委常委的成员都是校长办公会的成员，再加上其他几位重要行政干部，如校长秘书、校长办公室主任、政策研究室主任、纪委书记等，一共不到20人。决策者和实施者高度一致。加拿大大学的两会成员也有一点儿重叠，互派代表参会，还有两个学生会的主席同在两会，但两会的重叠者只有大学校长一人。另外，加拿大大学的学术委员会，跟董事会一样，代表覆盖群体更大，代表性更强。加拿大大学的学术委员会的平均人数是60人，而阿尔伯塔大学的学术委员会成员远远超过这个数，一共是160人。阿尔伯塔省高等教育法也对本省各大学学术委员会成员构成有具体细致的规定，包括作为学术委员会主席的校长、所有副校长、各学院院长、图书馆馆长、注册处处长（跟国内教务处相似，我们之后细谈）、两个学生会主席、各个学院的教师和学生代表。学术委员会下设10个分委员会，讨论具体事务。大会每年开5次，一开会就是乌泱泱一大礼堂的人。分委员会每个月开一次会，有一二十人参加。委员代表多方面意见，有利于交流议事，但人数太多，不利于决策。好在很多事情在分委员会就决定了，不用到大会上决定。但哪些事情足够重大，需要在大会上决定，也说不清楚。我举个例子。

阿尔伯塔省历史上有一位老百姓十分爱戴的省长 Peter Lougheed，他是从阿尔伯塔大学毕业的，在校期间做过学生会主席。1971 年到 1985 年，他连任当了 14 年省长，这十几年也是阿尔伯塔省经济和社会发展最好的时候。2012 年，Peter Lougheed 去世，家人和朋友捐款成立基金会，也征集社会捐款，希望在阿尔伯塔大学成立一个本科生的领导力学院，培养本科生的领导能力。Lougheed 生前多次提到，他的领导力是在大学住宿舍的时候培养出来的，有机会和不同专业的同学讨论问题，并学会协商解决矛盾。所以这个领导力学院的设想就是建一栋宿舍楼，让各专业的 3～4 年级学生混合入住，然后提供领导力培养的课程和活动。基金会联系大学，问是否愿意接受这笔钱，成立这个学院，提出的要求是快点建，不能拖太长时间，别等老人家去世五六年之后再宣布成立这个学院。大学校长当然很高兴接受这笔钱，成立学生领导力学院也是件好事，但校长知道如果通过学术委员会讨论学院组织和课程的细节，再争取董事会同意，时间就会非常长，所以决定把这个学院作为一个行政单位，只在学术委员会的一个分委员会通过，时间就短。但学生参加这个项目两年后，大学需要给一个领导力证书，而证书是学术事务，需要学术委员会通过。结果在学术委员会上，很多教授提出质疑，问为什么学院成立的时候不经过学术委员会讨论。后来商学院的院长给校长解了围，说这个证书不用大学给，可以由商学院给。有院长愿意给证书，学院又是大学办学的主体，学术委员也就没有反对了。阿尔伯塔大学学术委员就这件事展开了一场讨论，希望厘清未来哪些事必须由大会讨论决定，哪些事可以由分委员会决定。从这件事情看，加拿大大学的治理也在不断探索、不断改革之中，远没有达到完美。

如果说加拿大大学的董事会和学术委员会是务实的机构，那么参议会就是一个务虚的机构，但参议会也是必不可少的。我们在前文提到了，阿尔伯塔大学参议会的学术决议功能在1942年大部分转移给了学院总议会，但保留了推选荣誉博士获得者的功能。除了这个，按照阿尔伯塔省高等教育法，参议会有权过问任何对大学有利的事情和任何可以加强大学社会地位的事情。它可以向大学的任何学院学术委员会和学生会索要报告，在广播和电视节目中咨询和提供大学的信息，并就以上问题向董事会、学术委员会和省教育厅厅长提供报告。参议会的成员有62位，阿尔伯塔高等教育法对其组成有详细规定，其中一小半来自学校，一大半来自社会。校内的成员包括作为参议会主席的校监、校长、1名副校长、学生处处长、继续教育学院院长、校友会会长和副会长、2名学院院长、2名董事会董事、3名学术委员会代表、2名校友会代表、2名非学术员工工会代表、4名本科生会代表、1名研究生会代表、教育厅厅长任命的9名社会人士，还有30名来自全省各地对大学有兴趣的人士，由参议会选出。这样看，如果包括校友，一共40多名是校外的社会人士。我听说，中国教育部曾经呼吁中国各所大学成立"理事会"，邀请社会有识之士、成功企业家、知名校友、其他社会名流参加，成为大学的理事，为大学出谋划策，为大学做宣传，为大学争取更多的社会资源。这不是一个决策机构，而是一个咨询机构。参加GALD项目的老师说，阿尔伯塔大学的参议会其实起到了一个"理事会"的作用。

我们在这里详细说说校监这个职位。校监和大学董事会主席有相似之处，也是社会名流、志愿者，也不拿工资。校监虽然不拿工资、工作不轻松，但很多人乐此不疲。能当上一所知名大学的董事会主席或校监，是一份无上的殊荣。校长或校监都事业有成，不愁吃穿，志愿回报社会。董事会主席是省督任命的，有点党派政治的色彩。而校监是参议会成员自己选出来的，没有任何政治色彩。如果说董事会主席代表的是政府意志，那么校监代表的就是社会意志。校监这个职位具有英国大学体系的明显特点，听说香港的大学也是这样。可以这么理解：加拿大联邦政府有英国王室代表，那就是总督；省政府也有王室代表，那就是省督；大学也有，那就是校监。大学名义上的最高领导是校监，而不是董事会主席，也不是校长。校长的头衔在加拿大的大学里有两个，一个是president，另一个是vice chancellor（副校监）。从这个头衔上看，校监是一把手，校长是二把手。大学最重大的仪式要算毕业典礼，仪式感非常强，一般台上最前面会坐三个人，左边是董事会主席，右边是校长，中间是校监，主持毕业典礼的一定是校监。最讲究的典礼，校监会把毕业证书亲手交给学生，表示代表社会同意学生毕业。在 GALD 项目结业典礼上，我都尽量请校监来讲话，让校监给学员发结业证书。这是比较讲究的做法。

中国大学治理结构的一个优势就是改革的能力，而且上通下达，发现问题、解决问题的速度快。过去 8 年，每年会有两三批 GALD 学员来阿尔伯塔大学学习。每次有学员过来，他们都会告诉我中国大学发展的新政策、新制度。《中华人民共和国国家中长期教育改革和发展规划纲要（2010—2020 年）》提出要完善中国特色现代大学制度，建设依法办学、自主管理、民主监督、社会参与的现代学校制度。关于依法办校和自主管理，《中华人民共和国高等教育法》规定了高等学校的七项自主权，包括自主招生权、专业设置权、教学权、科研与社会服务权、国际交流权、人事自主权和财产权。这是一个原则性的法规，没有规定具体的操作。我听说，中国政府过去一段时间要求大学撰写自己的章程，实现依法自我管理。我还听说，中国教育部于 2014 年要求各所大学加强学术委员会的工作，加强学术在大学的中心地位，加强学术群体在大学的决策地位，以实现民主监督。关于社会参与，中国教育部也呼吁各所大学成立"理事会"，希望通过建立"理事会"，增加社会对大学办学的参与。这些都是好的发展方向。在我看来，这些都是吸取西方大学治理精华，完善中国大学治理的做法。希望这些改革能够帮助中国大学发挥自己的优势，克服自己的劣势，实现更好的发展。

从 20 世纪 50 年代开始，中国建立了一个高度集中的计划性高等教育体系。中央各部委资助管理各自的行业院校,确定招生指标、支付学生学费,给毕业学生安排工作。改革开放后,随着市场经济建设的开展,高等教育的管理权限也不断向省政府和院校下放,我称这一过程为"自上而下的放权"(centralized decentralization),是有计划、有步骤、逐渐地放权,目的是管得不死,放得不乱,收放平衡。我在北师大读博士的时候接触了行动研究(action research),我的导师王蔷教授是中国行动研究的专家。行动研究鼓励老师在教学实践中,发现问题、提出方案、实施方案、观察效果,再发现新问题、提出新方案,不断提高,不指望一蹴而就、一劳永逸。我感觉中国的高等教育改革,其实遵循了这个原则,讲究不断探索、循序渐进,不断发现问题、解决问题。

比较了中加两国大学治理结构之后,我都会给参加 GALD 项目的老师出一道难题。这个难题是:如果中国大学的党委书记要去加拿大友好学校访问,名片要翻译成英文,书记应该怎么翻译?有的老师说,应该翻译成董事会主席(chair of the board)。更多老师跟我说,大学的党委书记出国一般都翻译成校务委员会主席(chair of university affairs)。我们之前分析过中国大学的党委书记和加拿大大学的董事会主席两者之间的相似性。但我告诉大家,加拿大大学的董事会主席不会代表大学出访,出访也不会谈具体的国际合作事宜,她/他没有这个权力。而中国大学的党委书记可以出访,也可以谈具体的合作,她/他有这个权力。有的老师说书记应该翻译成校监(chancellor)。而加拿大大学的校监也不会代表大学出访，出访也不会谈具体的国际合作事宜，她/他也没有这个权力。从权限角度看，有的老师觉得应该翻译成校长（president）。但有个问题是，如果第二年该大学的校长也来访问，那又怎么翻译呢？外方学校会不会认为校长换人了？后来有的老师跟我说，有个中央组织部的文件，要求大学的岗位应该如实翻译，体现中国的制度自信。对于了解中国体系的加拿大大学，他们就会知道党委书记这个职位；如果不知道，就需要解释一下；签证的时候，可能还需要另行翻译，翻译成加拿大有的职位，因为加拿大签证中心恐怕没人会了解中国大学的治理结构。

第八章

加拿大大学行政结构

所有参加GALD项目的老师都希望了解一下加拿大大学的行政结构和岗位设置。这一章,我们还是以阿尔伯塔大学为例,从上到下仔细讨论一下这方面的情况。前文提过,中国大学的党委书记和校长都是上级政府任命,副党委书记和副校长可能先从校内选举产生,但最后也由政府任命。这是大学的校级领导。大学的处级干部由党委组织部任命,包括各个学院的党委书记、副书记和院长、副院长,以及各个处级职能部门的处长、副处长。各个学院下面各系有系主任,是科级干部。各个处长下面设科长。

加拿大大学的董事会成员是政府任命的,包括董事会主席。董事会的一个重要职责就是聘用校长。很多参加GALD项目的老师问,加拿大的大学校长是如何具体选出来的。我简要介绍一下。加拿大大学的校长有具体聘期,一般是五年一届。五年过后如果希望干第二届,董事会就会进行内部审核,决定是否再让校长干五年。一般大学都希望校长干两届。干完两届,如果校长还想干,那就得参加公开招聘,和其他竞争者一起应聘。董事会形成校长招聘委员会。阿尔伯塔大学对校长招聘委员会成员构成有具体规定:董事会主席任招聘委员会主席,成员由校监、董事会的另外2名董事、1名院长、1名系主任、1名学术员工工会代表、2名本科生会代表、1名研究生会代表、1名非学术员工工会代表、1名校友会代表组成，一共12人。关于流程，一般都会登广告，都会找猎头公司推荐人选，然后委员会决定哪几个人到校面试，最后委员会成员投票决定最终人选，推荐给董事会，由董事会通过。

加拿大大学和美国大学一样，除了校长，还有一个教务长（provost），好像以前是宗教术语，指的是教会的主持。教务长是副校级领导之一，这个职位总是兼着大学的学术副校长。教务长这个职位好像在其他副校长之上，所以参加GALD项目的老师说，这个职位相当于中国大学的第一副校长。但了解教务长的具体职责之后，他们说，教务长好像比第一副校长的权力还大些。除了教务长兼学术副校长，阿尔伯塔大学还有4位副校长，分别主管人事/财务、科研/创新、设备/运行（基建/后勤等）、宣传/筹款。董事会的一个重要职责是选校长，校长的一个重要工作是选副校长。这5位副校长都是校长聘用的，都向校长汇报工作。选副校长的流程和选校长几乎一样，都需要登广告、聘猎头公司、形成招聘委员会。几个副校长级岗位的具体表述如下：

· provost and vice-president（academic）教务长兼学术副校长

· vice-president（university services and finance）大学服务与财务副校长

· vice-president（research and innovation）科研与创新副校长

· vice-president（facilities and operations）设备与运行（后

勤)副校长

· vice-president（external relations）外部关系（宣传与筹款）副校长

大学的学科发展和质量监控，都是教务长的工作领域。还有一点非常重要的是，教务长负责各个学院院长的聘用与评价。阿尔伯塔大学目前一共有 18 个学院（包括研究生院），所有 18 个院长都由教务长聘用，并向教务长汇报工作。除了 18 个学院的院长，教务长还负责聘用与领导 7 个（跟学术相关）处级单位的处长，英语叫 vice-provosts and associate vice-presidents，可以直译为"副教务长/协理副校长"。为什么这些处长叫副教务长呢？因为他们向教务长汇报工作。为什么同时又叫协理副校长呢？因为他们也要向一位副校长汇报工作。教务长也是一位副校长。教务长下面设置了两位代理教务长，叫作 deputy provost，一位负责学生事务（students and enrollment），另一位负责学术事务（academic）。除了这两位代理教务长，教务长办公室内部还设置了 4 个副教务长（vice-provost），分别负责学科建设（programs）、土著事务（indigenous programming and research）、学生学习（learning initiative）、平等/多样性/包容（equity, diversity and inclusion），还有一个负责大学和教师关系（faculty relations）的主任（director）。

据我了解，大学里设置一个专职副教务长的岗位，专门负责土著事务，已经是加拿大和澳大利亚大学的一般做法。土著事务好比中国的少数民族事务，很重要，设置这一岗位好比国内大学设置一个专门负责少数民族学生和研究的处长。美国和加拿大的大学里，最近也都开始设置平等/多样性/包容（equity, diversity and inclusion）副教务长这一专职处级岗位，原因是移民国家的人口多元，学生和教职工不同性别、不同民族、不同肤色、不同信仰，如何能够在大学员工聘用和学生招生方面做到平等对待所有人、没有歧视，在大学工作的各个方面做到相互包容，实现多样性发展，已经是大学发展的重要方面。教师关系主任这一岗位的设置是因为工会，大学是雇主，其代表就是教务长，所有员工是雇员，由工会代理。如果教职员工和雇主（包括院长和系主任）发生矛盾，需要教务长代表大学出来和工会协调。这就是教师关系主任的主要职能。

上面的几个处级岗位都设置在教务长办公室内。下面的几位是处级职能部门的一把手，英语都叫副教务长，都向教务长汇报工作：

· vice-provost（library and museums）and chief librarian 负责图书馆/博物馆的副教务长/图书馆馆长

· associate vice-president, online and continuing education 线上与继续教育协理副校长

· vice-provost and dean of students 负责学生工作的副教务长/学生院长（处长）

· vice-provost and dean of the faculty of graduate and postdoctoral studies 负责研究生与博士后的副教务长／院长

·vice-provost and associate vice-president（international）主管国际部的副教务长／协理副校长（国际处处长）

·vice-provost and university registrar 负责学生招生、录取、注册的副教务长／注册处处长

阿尔伯塔大学的图书馆馆长叫 chief librarian，即首席图书馆馆员，也是副教务长。阿尔伯塔大学的继续教育学院不能做学历教育，因为那是各个专业学院的事情，所以只能做非学历教育，招生不太容易。疫情期间，大学做结构调整，这个学院就不存在了，但继续教育协理副校长这一职位被保留下来，希望促进大学未来线上教育的发展。

谈完了教务长，我们再了解一下其他几个副校长的职责范围。跟国内大学不大一样，每个副校长都有一个独立办公室，实行独立预算。大学服务与财务副校长，主要负责大学的人事和财务。除了办公室主任（chief of staff），大学服务与财务副校长下面还设有 7 个处级岗位：

·associate vice-president and chief information officer（information services & technology）信息技术与服务协理副校长／大学第一信息官（相当于信息技术处处长）

·associate vice-president（finance, procurement and planning）财务、采购与规划协理副校长（相当于财务处处长）

・associate vice-president（human resources, health, safety and environment）人事、健康、安全与环境协理副校长（相当于人事处处长）

・associate vice-president（shared services）综合服务协理副校长（疫情期间成立了大学行政综合服务网上平台，职工和学生所有需要办的事情都可在网上提交，这个新的处级岗位专门负责这一块工作）

・executive director（internal audit and enterprise risk management）内部审计与风险管理执行主任

・associate vice-president and chief analytics officer（performance, analytics and institutional research）数据分析与绩效协理副校长／大学第一数据官（相当于政策研究办公室主任）

・executive director（university initiative office）大学重点项目执行主任

科研与创新副校长最重要的工作就是帮助大学获得更多的外部科研资源，包括政府的资助项目，还有企业的横向项目。除了办公室主任，科研与创新副校长下面设有5个处级岗位：

・associate vice-president（strategic research initiatives and performance）策略科研项目与绩效协理副校长（负责组织大型科研项目申请）

・associate vice-president（research development and services）

科研发展与服务协理副校长（负责针对学院和教师的科研项目申请）

　　• associate vice-president（research integrity support）科研道德副校长（所有大学的科研项目都需要经过科研道德委员会审核）

　　• associate vice-president（innovation, knowledge mobilization and partnerships）创新、技术转化与伙伴协理副校长（负责技术转化）

　　• director（research partners network）科研伙伴网络主任（负责大学间的科研合作）

　　设备与运行（后勤）副校长下设 5 个协理副校长，负责大学基建、后勤和动力等各个方面的工作：

　　• associate vice-president（asset management and operations）资产管理与运行协理副校长（负责楼宇清洁维护维修、地面绿化与维护、交通车辆服务）

　　• associate vice-president（campus services）校园服务协理副校长（负责宿舍、停车、会议、宾馆、书店、食堂等）

　　• associate vice-president（integrated planning, development and partnerships）综合规划、发展与伙伴协理副校长（负责施工项目管理、空间管理、土地管理）

　　• associate vice-president（support and recreation services）支持与休闲协埋副校长（负责大学的体育场馆的管理与运行，以往

这部分工作是体育学院负责）

·associate vice-president（utilities）大学动力协理副校长（负责全校中央空调、大学发电厂、冷热水、能源管理）

关于外部关系副校长，负责两项工作，一项是宣传，另一项是社会捐款。以前，这两项工作由两个副校长负责。负责宣传的，叫大学关系（university relations）副校长；负责筹款的，叫大学发展（university development）副校长，所以以前一共是 6 位副校长。社会捐款副校长的职位其实是 2010 年才设置的，原因是大学认识到校友关系和社会捐款这方面的工作越来越重要（我们之后还会谈校友关系和社会捐款）。但 2020—2021 年间，大学搞行政改革，为了节省行政费用，合并了大学关系（宣传）副校长办公室和大学发展（社会筹款）副校长办公室，由一个副校长负责，叫外部关系副校长。

大学外部关系副校长下面设 6 个处级岗位：

·senior advisor（portfolio strategy）外部关系高级顾问

·associate vice-president（government and community relations）政府与社区关系协理副校长

·associate vice-president（development）发展（社会捐款）协理副校长

·associate vice-president（strategic communications）宣传协理副校长

· associate vice-president 策略关系协理副校长（负责和企业界的联系）

· associate vice-president（marketing）营销协理副校长（负责招生和捐款等方面的宣传）

本章主要介绍加拿大大学的校级和处级岗位的设置，供大家参考。2020年，由于政府投入的减少，大学不得不做机构改革，合并学院，精简行政，以节省开支。加拿大大学的管理体制一直在摸索变化之中，但总的来说，行政岗位的设置和名称比中国大学更多、更随意、更复杂，没有编制限制，只有预算限制，有钱就可以设置新岗位。加拿大大学的岗位很难与国内大学岗位一一对应。

中国大学和北美大学的接触越来越多，如有北美大学的客人来访，我们可以研究一下他们职位的英文表述，根据这一章的内容，可以确定他们和我们学校的哪位领导对等、找谁负责接待，也可以判断他们的权限，确定和他们的交流范围。我以前在山东大学（威海）的国际处兼职干了两年，当时对很多英语头衔，真的搞不懂！希望本章内容对我们国内大学负责国际工作的老师有所帮助。

第九章

学院二级管理

　　中国一般把学院翻译成 college，也有叫 school 的。加拿大把学院叫作 faculty。我在北师大读博士的时候，北师大成立了教育学部，把各个跟教育相关的学院都纳入一个学部，这个学部我记得翻译成了 faculty。阿尔伯塔大学的有些学院非常大，比如理科学院（Faculty of Science）和文科学院（Faculty of Arts）。理科学院有 7 个系，8000 多名学生，是该校最大学院。文科学院有 20 个系，6000 多名学生，是阿尔伯塔大学第二大学院。北美还有的大学把这两个学院放在一起，叫文理学院。多伦多大学文理学院的学生数量，跟阿尔伯塔大学的总学生数量差不多。阿尔伯塔大学的学院也有很小的，下面没有系，跟系的级别差不多，但也叫学院、也设院长，如土著学院。阿尔伯塔大学目前有 18 个学院，包括研究生院，它们是：

　　·Agricultural, Life and Environmental Sciences 农业、生命与环境科学学院
　　·Law 法学学院
　　·Arts 文科学院
　　·Medicine and Dentistry 医学与口腔医学院

- Augustana Faculty 奥古斯塔纳分校
- Native Studies 土著学院
- Business 商学院
- Nursing 护理学院
- Education 教育学院
- Pharmacy and Pharmaceutical Sciences 药科学院
- Engineering 工程学院
- Public Health 公共卫生学院
- Extension 继续教育学院
- Rehabilitation Medicine 康复医学院
- Graduate Studies and Research 研究生院
- Saint-Jean 法语校区
- Faculty of Kinesiology, Sport and Recreation 运动、体育与休闲学院
- Faculty of Science 理科学院

2020 年，新校长上台，希望做的一个改革就是合并学院。加拿大大学没有"双肩挑"的制度，新校长经过分析数据发现，全校 15% 的教授在全职做行政，不做教学和科研了，这有点浪费。还有，大学 25% 的课程由于选课学生少，学生的学费连支付老师的授课费都不够。经过讨论，最终决定把 13 个教学学院（faculty）合并成三个大的学部（college）。五个医学相关的学院和体育学院组成了健康科学学部（College of Health Sciences）：

- Medicine and Dentistry 医学与口腔医学院
- Rehabilitation Medicine 康复医学院
- Pharmacy and Pharmaceutical Sciences 药科学院
- Nursing 护理学院
- Public Health 公共卫生学院
- Kinesiology, Sport and Recreation 运动、体育与休闲学院

理科学院、工程学院，还有农学院，组成自然与应用科学学部（College of Natural + Applied Science）：

- Faculty of Science 理科学院
- Engineering 工程学院
- Agricultural, Life and Environmental Sciences 农业、生命与环境科学学院

文科学院、教育学院、商学院和法学院组成社会与人文学部（College of Social Sciences + Humanities）：

- Arts 文科学院
- Education 教育学院
- Business 商学院
- Law 法学学院

但这次合并不是彻底的合并，而是一次虚拟的合并，原来的13个学院建制继续保留，新的学部部长由成员学院的一个院长兼职担任。组成学部旨在提高效率、节约成本、共享行政服务，鼓励行政和学生服务在学部内的合并，同时共议学术事宜，促进跨学科交流，鼓励跨学科学生的培养。学部的设置，是学校总体行政结构改革的一部分，而行政改革是大学财政缩减所致，总体目标是通过管理和服务中心化，减少二级单位服务机构和人员的重复，从而减少成本。这个改革目标能否实现，或者说能实现多少，让我们拭目以待。

按照中国的习惯说法，大学内部管理分两级，一级指大学，二级指学院。加拿大大学内部管理分两种，即中央化的和分散化的。中央化的管理，就是中国说的一级管理，管理的重心在大学；分散化的管理，就是中国说的二级管理，管理的重心在学院。阿尔伯塔大学的行政干部都说，阿尔伯塔大学的管理非常分散。据参加GALD项目的老师观察，阿尔伯塔大学的管理是典型的二级管理，学院是大学管理的主体，学院的运行更独立。为什么这么说呢？说到底，还是预算的问题。我们首先看大学和学院的两级预算。

大学的年度综合预算，英文叫consolidated budget。我之前提到过，阿尔伯塔大学的年度总预算大概是19亿加元，不到100亿元人民币，包括以下几个板块：

·operating（运行）：占58%，主要包括省政府年度拨款和

学费收入，可以自由使用

　　·research（科研）：占23%，直接由教授申请获得、使用，主要用于研究生生活补助

　　·capital（不动产）：占7%，基建、维护专项费用

　　·ancillary（服务）：占5%，停车、食堂、宿舍等收入

　　·special purpose（特别用途）：占7%，其他专门用途资金，比如指定用途的捐款

　　允许大学自由使用的只有运行资金，不受限，所以大学所说的预算，主要是运行资金部分。运行资金主要包括两个部分，一个是省政府的年度拨款，另一个是学费收入。科研资金和不动产建设和维护费用也来自两级政府。如果把所有来自政府的收入放在一起，大学的综合预算可以分成三块，一块是政府资助，一块是学费收入，还有一块是投资、捐赠和服务收入。下图是阿尔伯塔大学2016—2017年度综合预算情况，上部的饼状图显示2016年阿尔伯塔大学的收入分为：

　　·government 政府投入，占62%（包括年度省政府拨款、科研资金、不动产建设和维护费用）

　　·tuition and fees 学费收入，占18%

　　·others（investments, donations, services）其他收入（投资、捐赠和服务），占20%

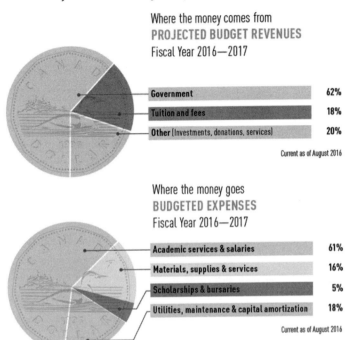

阿尔伯塔大学综合预算（2016—2017）[1]

中国的大学不允许把钱做投资，赚了也不行。加拿大的大学可以。董事会有一个分委员会，叫投资委员会，成员都是做投资的专家，志愿为大学服务，把大学闲置的钱拿去投资赚钱。参加 GALD 项目的老师们问，赔了怎么办？赔了就赔了，不会有人担

---

[1] https://www.ualberta.ca/media-library/ualberta/reporting/annual-reports-and-financial-statements/annual-report-20162017.pdf

责任。捐赠收入越来越重要，但加拿大的捐赠文化氛围没有美国浓。阿尔伯塔大学的捐赠收入是大学运行资金的1%左右。阿尔伯塔大学的收入组成中还有一块是后勤的服务收费，如停车、宿舍和食堂。老师在大学的停车点停车都需要缴费，而且停车费不低，根据不同的停车地点和条件，老师每个月的停车费为100到200加元。

省政府给大学的年度拨款，可以理解为用作教学的资金，大部分给老师发工资，也可以说是培养本科生的资金。科研和培养研究生的资金主要来自联邦政府。中国大学的研究生生活补助，由政府协调拨款。加拿大大学的研究生生活补助，主要来自教授的科研收入，所以研究生管导师叫老板。人文学科老师的科研收入低，他们的研究生补助可能需要院系协调，由院系预算支出。大学的学费收入，大学直接留用，不需要上交政府，也用于教学。这两个部分构成大学可自由支配的运行资金收入的主体。除去不可自由支配的科研资金、不动产建设、维护费用和其他专门用途的收入，大学的年度运行经费的构成如下：

- annual provincial grant 省政府年度拨款，占58%
- tuition and fees 学费收入，占30%
- services 服务收费，占9%
- investment 投资收入，占2%
- donation 捐款，占1%

省政府的年度拨款方式是一揽子拨款，不分项（楼宇建设和维护单独立项），英语里叫 block budget（block 就是"一大块儿"的意思），还可以叫 incremental budget，可以翻译成"比例增长式预算"，就是每年根据上一年的标准增加（也可能是降低）几个百分点。这样的拨款方式体现了政府对大学自我治理的信任，体现了政府对大学办学自主的尊重。过去几年，阿尔伯塔省政府在搞绩效拨款（performance based budget），做量化指标，涉及学生就业情况、毕业生的收入情况、毕业生的技能、学生工作实习机会、行政花费比例、外部科研经费的获得、招生情况，并根据指标拨款。这其实是在增加政府对大学运行的干预，削弱大学办学自主。

大学的钱都花到哪里去了呢？2016—2017 年度阿尔伯塔大学综合预算的支出分成 4 大块：

- academic services and salaries 学术服务与工资，占 61%
- materials, supplies and services 材料、耗材与服务，占 16%
- scholarships and bursaries 奖、助学金，占 5%
- utilities, maintenance and capital amortization 水电暖、维护与楼宇还贷，占 18%

从中可以看出，大学约 60% 的钱是人员工资。人员工资的预算，可以说是中国和加拿大大学预算的主要不同点。人员工资在中国的大学里面是一级预算，在加拿大的大学里面是二级预算。

也就是说，中国大学的人员工资都是大学发，工资这部分钱留在大学，由大学的人事处统筹。加拿大大学的人员工资，都是二级单位发，工资这部分钱进入二级单位（学院和处级行政部门），由二级单位自己统筹。按照阿尔伯塔大学现在的政策，各个学院的学生学费收入，100% 留给学院，大学一分不留（以往留给大学一小部分作为招生费用）。省政府给大学的年度拨款，大学也以 incremental budget 的方式，按比例分给学院，根据上一年的标准，省政府给大学涨（降）几个百分点，大学就给各个学院涨（降）几个百分点。除了各个学院，各个副校长（包括教务长）也各自得到自己部门的预算，并划拨到自己手下的各个处级单位，形成各个处级单位的独立预算。

这样看，中国大学的预算是一级预算，划拨到各个二级单位的钱，只是二级单位日常行政运行费用，所有二级单位的人员工资在大学一级统筹。加拿大大学的预算是二级预算，留在大学一级预算的钱，只是一级单位日常行政运行费用，大学的人员工资都是二级预算的部分。各个二级单位预算的主要支出，都是人员工资。前文已经介绍过，加拿大大学的管理是分散的二级管理，学院是大学管理的主体，学院的运行更独立。各个二级单位的独立运行，始于独立的预算。有包括人员工资的独立预算，就有独立自主的二级人事。各个学院有聘用教师的自主权，院长可以决定是否聘用教师，聘用多少名，聘用什么级别的教师，没有编制的限制，只有预算的限制。各个院长也有独立的教师评价、晋升的权力，与全校教学、科研的标准无关，不受职称名额的限制。

各个处级单位的主管，也可以根据自己单位的需求和自己的预算情况，独立决定设置什么岗位，聘用多少人，聘用什么样的人，给多少工资，没有编制的限制，只有预算的限制。当然，院长和处长也必须在大学的人事框架之下行事。我们之前提到了，20世纪70年代之后，加拿大各所大学的学术员工不断成立工会，以保障自己的权益，教师工资、聘用过程、评职称、晋升、辞退、工作量、职业发展等有关人事和薪酬的重要事务，转变为工会和董事会谈判决定，形成集体协议。这个集体协议，就是各个二级单位行使各自独立权利的政策框架。各个二级单位在聘新人的时候，需要形成岗位描述，上交大学人事处。大学人事处需要根据集体协议的政策，确定岗位和工资级别，并统一发布招聘消息。

疫情期间，由于省政府预算减少，还有省政府绩效考核的压力，大学内部也在搞预算改革，主要对二级单位的拨款，改变以往的 incremental budget 方式，实施 activity-based budget（基于活动的预算）。通俗一点就是绩效预算，制定绩效指标，如教学、科研、招生、场地使用等，根据指标拨预算给学院。无论初衷如何，这样的绩效考核，跟一揽子预算相比，都会在不同程度上构成对学院管理的干预，直接干涉二级单位怎么花钱，在不同程度上削弱学院的学术自主。我认为，大学的质量和排名与预算的规模成正比。在预算减少的情况下，希望大学进行预算改革，减少开支，提高效率，保持大学的教学质量、科研产出、学术排名都不下滑，是痴人说梦、无稽之谈。但如果这个预算改革能给校长和教务长手上多留点钱，灵活使用，我感觉也不是坏事。

总体来说，阿尔伯塔大学最近内部的这个行政改革没有涉及预算制度的内核，各个学院还是独立的二级预算，二级预算还是包括人员工资。从这一点看，大学的二级管理重心没有变。唯一改变的是全校行政服务在一定程度上的中心化，即把各个二级单位负责人事、财务、宣传和信息技术的人，包括他们的工资，挪到大学中心的人事、财务、宣传和信息技术办公室。希望这样中心化的重组，能精简人员，节省费用，保证服务质量不变，让我们拭目以待。政府给的钱少了，按照以往的二级预算制度，大学可以不做改革，直接按照减少比例，减少二级单位的预算，让二级单位去消化，让二级单位自己裁员。但校长希望通过行政改革，减少行政人员的数量和花费，提高行政管理效率，从而更好地维护学术和科研的重心，减少对教学和科研的影响。这是一个负责任的做法。

除了预算自主权，各个二级学院的另一项重要自主权利就是学术自主权。令人高兴的是，二级学院的学术自主权在改革中也没有改变。

中国大学享有的七项自主权：自主招生权、专业设置权、教学权、科研与社会服务权、国际交流权、人事自主权和财务自由权。除了财务自主权和人事自主权，其他几项权利在加拿大大学里面也都落实到了学院。

我们在谈省政府管理高等教育的权力范围时提到，省政府有审核批准新专业的权力。加拿大大学的各个学院有权提出增加新专业（或者取消旧专业），但在校内需要经学术委员会和董事会讨论。因为专业设置的改变是学术问题，所以要经学术委员会讨论；又因为专业设置的改变涉及预算问题，所以要经董事会讨论。学校通过后，还要报省政府审核批准。关于学院在教学和科研方面的自主权，除了人事聘用的自主，主要体现在教师教学和评价的自主，我们下一章着重介绍。

在招生权利方面，预算不减少，学院在招生规模上也不能随意减少。在录取标准上，学院有权根据录取目标设置录取平均分数，然后交给注册处（负责招生和录取）具体实施。

关于国际交流权，各个学院是国际化工作的中心，我们国际部的工作是服务、支持各个学院的工作。中国大学重视国际化，很多参加 GALD 项目的老师都希望在加拿大期间，帮助自己所在的大学建立更多的国际关系。我们一直跟他们说，首先要确定跟哪个专业、哪个学院合作，然后联系学院的院长和（主管国际部的）副院长，他们有完全的国际化合作的自主权。

在人事自主权方面，加拿大大学各个学院的院长还有组阁的自由。中国大学各个学院的院长和院党委书记搭班子，是组织部任命的，副院长、副书记也是组织部任命的，其他班子成员的权力则是大学授予的。加拿大大学的院长可以根据预算情况和工作要求，决定自己手下设几个副院长，都负责哪块工作。班子成员的权力，是院长一个人授予的，也可以一个人收回，导致的结果是，各个学院的行政结构各不相同，头衔也不尽相同。我拿阿尔伯塔大学的两个学院举例。我们先看理科学院，院长下面设 1 个 vice dean、3 个 associate dean、2 个 assistant dean、2 个 senior officer。vice dean 就是第一副院长，associate dean，可以翻译成副院长，各分管一部分事务。vice dean 和 associate dean，都是教授，有学术背景。assistant dean 是纯行政岗位，不需要有学术背景。senior officer 也是纯行政岗位，一个相当于办公室主任，一个相当于财务主管。

阿尔伯塔大学理科学院行政结构：

- dean 院长
- vice dean 第一副院长
- associate dean（research）副院长（科研）
- associate dean（graduate）副院长（研究生）
- associate dean（undergraduate）副院长（本科生）
- assistant dean（development）助理院长（社会筹款）
- assistant dean（programs and operations）助理院长（课程与运行）
- senior officer（administration and strategic initiatives）高级主任（行政与策略）
- senior officer（finance and budget）高级主任（财务与预算）

再看看医学与口腔医学院。这个学院大、教师多，行政结构也非常复杂。院长下面设3个第一副院长，分别负责教学、教师事务和科研。下面还设1个高级副院长（senior associate dean），负责口腔医学，级别似乎比 vice dean 低一点；1个财务主任（director finance）和 1 个主管筹款的助理院长（assistant dean）；13 个副院长（associate dean），8 个助理院长（assistant dean）。正如我之前所提到的那样，这些人事设置总在变化，由院长自己说了算。

二级预算、二级人事，体现了大学对各个二级单位的信任，也体现了学院的学术中心地位。因为学院是大学的最重要的学术单位，学院有财务自主和人事自主，就保证了学院的学术自主。学术自主的重要体现，是学术评价的自主。中国大学里的教师评价和晋升标准由大学人事处统筹制定，科研的标准由科研处帮助确定，教学的标准由教务处帮助确定，国际化的标准由国际处帮助确定。加拿大大学的教师评价，由各个学院，按照自己的学科特点自主进行评价。那么人事处、科研处、注册处和国际部，就都是服务的机构，没有管理的权力。它们的工作是支持各个学院的工作，服务各个学院的工作。学院是中心，学院也是重心。阿尔伯塔省各大学学部制度的改革，也没有改变这一中心和重心。但二级财务也有一个不好的地方，就是大学校长手里没有多少钱，权力就小，如果想做什么事情，需要得到相关院长的支持。而院长也需要得到教授的支持，因为教授也有学术自由（我们下一章细谈这一点）。所以，在加拿大当大学校长不容易，需要做的事情挺多，但手上没有多少钱，不能靠资源调动人力，只能靠个人领导力。当大学校长本来就不是容易的事儿，没钱就更难了。如果大学是船，校长是舵手，那么舵手想把船的方向改变一下很不容易。如果大学遇到新机遇，如一个大的外部科研项目需要大学投入资金，校长和教务长手上没钱，就拿不出钱来支持。

二级人事的优势是人事自主保障学术自主，因为学院和系知道应该聘什么样的教师，怎么晋升，才能更好发展学科；也有一个不好的地方，就是各个学院和各个行政部门，由于预算独立、人事独立，容易各自为政。中国大学行政干部的一个重要制度是"轮岗"，隔几年到不同单位、不同岗位工作，了解不同领域的情况，可能提一级，也可能是平行调动。这是中国大学行政干部职业发展的重要方式。中国大学能这样做，是因为一级财务制度，人员无论到哪儿，都是大学的人，工资都是大学发。加拿大大学就做不到，原因是二级财务。比如，我是阿尔伯塔大学的员工，更具体点说，我是阿尔伯塔大学国际部的员工，因为我的工资首先是国际部的预算，之后才是大学的预算。我在校内调动也是可能的，但需要其他部门公开招聘，我作为申请人申请这份工作。申请成功了，我就转到新单位，由新单位发工资，用新部门的预算。当然，这就导致了行政干部的专业化，一辈子只在一个领域工作。

这一章的内容，主要是加拿大大学学院的二级管理，我认为这对理解加拿大大学的管理体制十分重要，所以谈得详细一些，希望能够把事情说清楚，让大家能够透彻理解加拿大大学和中国大学的主要区别。

第十章

教师的学术自由

终身教职制度可以说是保障教师学术自由的一个基本制度。我来加拿大之前就听说过终身教职的概念,英语里叫 tenure,但具体是怎么回事,不太清楚。我就这个问题查阅了一些文献,了解到这个制度是第二次世界大战之后引入北美大学的,目的是防止未来可能的法西斯政府上台,干预教授的科研和发表自由[1]。这一章我们详细介绍一下这个制度,并和中国的编制制度比较一下。

终身教职需要从新教师的聘用说起。教师聘用的一个重要原则是用人唯贤,英语里叫 merit-based。merit 就是能力的意思。如何实现用人唯贤呢?就是需要保持流程的公开、公正、透明和平等。这就是我们说的依法办事、依法办学。办事不求人,不用找关系,我在加拿大有亲身体验。加拿大也讲社交网络,也知道多个朋友多条路,但朋友只能提供信息,不能做其他的。

---

[1] McPherson M S, Winston G C. The Economics of Academic Tenure: A Relational Perspective[J]. Journal of Economic Behavior and Organization,1983(4): 163-184.
McPherson M S, Schapiro M O. Tenure Issues in Higher Education[J]. The Journal of Economic Perspectives, 1999, 13(1): 85-98.

北美大学教师入职的最低门槛是博士毕业，目前中国大学已经实现。中国的博士培养规模增加了，而北美的博士教育已经是过度教育了。我听说加拿大博士毕业后只有不到 15% 的人有机会从事学术工作，这还包括博士后和科研助理等[1]。如果光看获得正式教职的人，那就更少了。阿尔伯塔大学研究生院的一个工作重点是博士生的职业发展，帮助他们在读期间获得科研以外的技能，如交流沟通、团队合作等，让他们能够在高校外的其他地方找工作，如政府和企业。但博士生和教授都觉得读博士就是要当教授，这种文化和心理认知的改变，可能还需要时间。加拿大大学一旦有一个教职岗位开放，竞争就非常激烈，不但有加拿大的博士毕业生申请，还有美国常青藤大学的博士毕业生竞争；不但有刚毕业的，还有往年毕业的。加拿大没有应届毕业生的概念，也没有户口的限制。

大学的新教职一般设定为助理教授（assistant professor），和中国的讲师差不多，但现在听说很多中国大学也引进助理教授的概念了。我们之前提到过，教师的聘用和评价都是学院的事，院长说了算。新岗位由系主任提出申请，院长决定是否招聘，没有编制的限制，不需要向大学人事处要编制、要资源，但需要考虑学院的二级预算，就是学院自己有没有钱。决定招聘之后，系主任将岗位描述发给大学人事处，在大学网站和其他第三方平台发布招聘信息。学院成立招聘委员会，一般由学术副院长担任主席，

---

[1] https://www.ncbi.nlm.nih.gov/pmc/articles/PMC4309283/

委员包括招聘院系的系主任、系内教师代表、系内学生代表、院内教师代表，还有校内其他学院的教师代表。系主任一般是联系人，负责回答申请人的问题。

加拿大大学的教职竞争激烈，一个职位会有几十人、上百人，甚至几百人申请。招聘委员会需要筛选出三名应试者到校面试。三名应试者到校的交通、住宿等费用由学院负责。三名应试者除了和招聘委员会面试，还要面向教师做一场学术报告，面对学生做一个试讲。之后委员会根据他们的表现，确定第一、第二和第三人选。招聘委员会其实应该叫招聘咨询委员会，任务是向院长推荐人选，由院长最后拍板。通知胜出的候选人后，候选人会有一个和院里就工资讨价还价的过程，大学对助理教授的工资有一个最低和最高标准的规定，这是大学和工会签署的集体协议的主要内容之一。如果候选人抢手，还有其他大学的 offer，工资可能就要提高些。对于所有的新聘用教师，学院还需要为其支付搬家的费用。

为了减少人员重复的成本，学院在招聘教授时是一个人一个方向，年轻教师不可能加入老教师形成一个团队。每个人就是一个团队，需要独立工作，自己建设自己的实验室，自己担任一个团队的 PI（principal investigator，负责人），团队的成员没有其他教师，只有自己的研究生。也就是说，即使是新入职的助理教授也需要带硕士生和博士生。加拿大没有硕士生、博士生导师资格的评定，教师带几名研究生也没有名额限制，只要自己能申请到科研经费，能给得起研究生补助。我们之前提到了，加拿大硕士生和博士生的补助不是国家协调的，需要教授自己出。教授申请的外部科研经费主要用于给研究生发补助。研究生除了交学费，还得吃上饭、住上房。硕士生和博士生的补助一般通过助教（teaching assistantship，TA）和助研（research assistantship，RA）的形式发给学生，形成的是雇佣关系，教授是老板，学生是雇员。如果一周拿到 12 小时的 TA 或者 RA，就算全奖，收入基本够花了，不用自己掏腰包；如果一周拿到 6 小时的 TA 或者 RA，就是半奖，半奖的收入基本不够花。

教师的工资标准是大学和学术员工工会通过谈判确定的，写进教师的集体协议。硕士生、博士生每个小时的工资标准，是大学和研究生会通过谈判确定的，也写进大学和研究生的集体协议。阿尔伯塔大学现在的标准是每个小时接近 40 加元。那么一个全奖博士生每个月的补助是 1920 加元。每年两个学期，上课 8 个月，补助也按 8 个月发，那么每年一名全奖博士生的补助约为 1.5 万加元。一名学术硕士生的费用少不了太多。有 1.5 万加元在手，无论是助理教授、副教授，还是正教授，都可以招一名博士生。专业硕士不配导师，仅上课，修学分，不用做论文，需要自费。前文提到过，文科、教育方向的教师科研项目经费少，大部分需要根据学院经费预算决定招多少名研究生。如果老师自己的外部科研经费足够招上两名研究生，不需要依赖院系经费，那就说明他干得非常不错。

在教师评价方面，阿尔伯塔大学和学术员工工会的集体协议里面有一个大致的、原则性的规定，即 40% 看科研、40% 看教学、20% 看社会服务。这个规定适用于所有助理教授、副教授、正教授,但没有全校的一刀切的具体标准。比如科研,大学没有规定哪些刊物文章是认可的,也没有分区,学院层面也没有这样的评价标准。科研评价主要依靠同行评价。同行评价和中国大学所说的同事互评不同。同行评价主要是系主任的评价。系主任也是教师,从事同一学科领域的科研,了解本领域的行业标准,所以是同行。让他们用同行的标准,根据本学科的特点,对本系老师做出评价,加拿大人认为这样最合理。教学评价也一样,助理教授、副教授、正教授的教学量要求都是一个学期2门课,一年就是4门课,不管是教本科生还是研究生,全校各个学院都一样。总的来说教学量不重,有时间和精力关注科研的前沿。关于教学质量,评价的标准比较单一,主要看学生的课程评价。由教务长办公室协调收集,结果交给系主任,作为教师教学评价的标准。中国大学都有教学督导制度,校领导也需要听老师的课。这个听课评课的制度在北美都没有。教学也是老师学术自由的一部分,自己想怎么教就怎么教,别人没有权力干预,只要学生买账。社会服务包括的范围非常广,大学的管理主要靠各种委员会集体管理,各种委员会、工作组很多,都需要老师做委员。还有教师本领域的志愿者工作,如为某个刊物做审稿人,或者当主编、副主编,这些都算社会服务的内容。

教师每年都做自评,根据科研、教学和社会服务3项,填写成果,交给系主任。系主任阅读后,做出初步评价,并和每位老师进行约一个小时的会谈,一对一说明自己的建议评价结果。关于科研的质和量,系主任根据本学科的特点做出主观判断,决定量化项目，比如发表了多少篇文章。关于教学，参加 GALD 项目的老师问阿尔伯塔大学的系主任，有没有老师上课放水，以提高学生评价分数。他们说这个情况有，但首先系主任不傻，不完全看量化评价分数，对同事的情况心里有数。有的老师一向严格，学生评分低，不能说明老师教学能力差。有的老师一向放水，学生评分高，也不能说明是好老师。另外，学生也不傻，他们也有判断力，不一定老师放水，他们就领情，给高分评价。系主任会不会对某些老师有成见，故意给出低评价？大学和工会的集体协议里面规定，各个学院必须组建教师评价委员会，一般由院长做主席，成员包括所有系的系主任，还有选出的教师代表。每位系主任把自己对本系教师的建议评价结果，提交会议做集体讨论，由会议最终确定评价结果。这样也避免了系主任可能有的偏见和不公。

教师的年终考核和教师的薪酬待遇直接挂钩。这一点需要仔细说一下。下表显示了阿尔伯塔大学不同职称的教师工资区间和每年基本工资增长额度。助理教授的年薪区间是 77299 加元到 107467 加元；副教授的年薪区间是 96307 加元到 134983 加元；正教授的起始年薪是 119402 加元，没有封顶。中国大学的老师管这个叫宽带工资，即在一个级别上的教师工资差异可以很大。加拿大所说的年薪都是税前，个人所得税的起征点是 30%，所以大家可以算出老师们拿到手的工资。最后一项叫积点工资（single increment），即每年基本工资增长 1 级的额度。系主任阅读本系老师的年度自评报告，并给出建议评价结果。评价结果的体现形式是 1～4 个积点（increment）。一般老师希望每年至少得到 1

个积点，涨一级工资。老师如果表现得很好，有很多科研基金进账，或者有好几篇高质量文章发表，可能得到1.5个甚至2个积点。我听说，如果得到3～4个积点，可能是因为得了诺贝尔奖，所以这样的人很少。

阿尔伯塔大学教师工资标准[1]

单位：加元

职称	工资下限	工资上限	积点工资
助理教授	77299	107467	2514
副教授	96307	134983	3223
教授	119402	无上限	3790（1～4年） 3223（5～8年） 2514（9年及以上）

每个积点对应基本工资的涨幅，如果一个助理教授得到1个积点，即科研、教学和社会服务都不错，虽然没有什么突出的，但都满足基本要求，第二年年薪会增加2514加元。值得强调的是，这2514加元不是一次性发放，而是计入基本工资，一直每年发下去。如果这位助理教授刚博士毕业，30岁左右，工作35年退休，那么这一年1个积点的考核结果，大学的奖励额度就是2514加元/年×35年＝87990加元，第二年继续增加。副教授每年1个积点的基本工资涨幅是3223加元。助理教授和副教授的年薪有封顶，到了上限，表现再好，积点就成虚的了，没有工资增长。正教授第一个四年的每1个积点的工资涨幅是3790加元；第

---

[1] https://www.ualberta.ca/faculty-and-staff/pay-tax-information/salary-scales.html

二个四年是 3223 加元，和副教授一样；之后每年 1 个积点的涨幅是 2514 加元，和助理教授一样，没有工资增长上限。

在加拿大大学里，系主任的一个重要工作就是本系教师的年度考核，而年度考核跟薪酬挂钩，所以系主任的活儿是个累活，每年大量时间都用在年度考核上面。年度考核还是个得罪人的活儿，我请一位系主任给参加 GALD 项目的老师做报告，问他是否得罪人，他说的确是这样。如果给哪位老师低于 1 个积点的评价结果，如 0.5 或者 0.75，这位老师很可能不高兴，有的时候甚至不跟系主任说话，走路绕着走！那系主任干吗不给所有人 1 个积点，或者 1.5 个积点，让大家都高兴呢？有两个原因。一个是，大学每年有总积点的限制，然后把积点分到各个学院、各个系。我有一年问大学的人事处处长，当年的积点是多少，他跟我说，当年的平均积点是每个人 1.17。这意味着什么呢？比如一个系有 10 个老师，那么这个系得到的可分配积点大概为 11.7 个。系主任可以吃大锅饭，每个人一平均就完了，都在 1 以上。但问题是，系主任需要一碗水端平，干得好的就应该多给，干得不好的就少给，大锅饭的做法到了学院评价委员会那里，肯定被推翻。另外一个是，一位老师的积点只能给 1 个，或者 0.5 个，或者 1.5 个，不能给 1.1 个。最近几年有的学院可以给 0.25 个了，所以可能有的老师会得到 1.25 个或 1.75 个积点。这样的话，11.7 个积点分给 10 位老师，那么大部分的老师可能得到 1 个，少数干得好的，可能得到 1.25 个、1.5 个、1.75 个等，还有少数干得不好的，可能得到 0.5 个或者 0.75 个。

系主任不但是年度考核的主要负责人，也是教师职称晋升的主要负责人。一名助理教授新入职后的压力，还是比较大的，需要在四年之内拿出发表量，证明自己的科研能力，评副教授。如果四年到了，科研量还是不行，可以延两年。六年到了还不行，最多还可以再延一年。所以说，他必须在最多七年内，证明自己的科研能力。加拿大大学晋升副教授的评价标准没统一，大致和年度考核一样，助理教授自己准备材料，包括科研产出、教学评价、获得奖项，还要拿到校外同领域研究者的推荐信。系主任做初评，主要考察助理教授在科研、教学和社会服务三个方面的表现。我认为科研成果是系主任首先考察的内容，系主任根据本专业副教授应该有的科研质量和数量做出判断。助理教授科研量达标，教学没有问题，社会服务也在做，系主任认为其可以晋升副教授，就到学院评价委员会提议通过。

我们都听说过终身教职制度是非升即走的制度，即评不上副教授，就得走人。那么加拿大大学有多少人会走呢？参加 GALD 项目的老师经常问加拿大同行这个问题。回答是，走的很少，大部分都能评上副教授，原因是当年在聘用的时候，审核得非常仔细，保证这个人能够成功。走的人非常少，也一般不会等到大学赶他走。自己发现对科研不感兴趣了，或者做起来比较吃力，就会主动另寻职业，选择提前离开教职。绝大部分助理教授都能评上副教授。评副教授的过程，在英语里也叫 tenure review，即终身教职审核，因为一旦评上副教授，就获得终身教职。终身教职工作稳定，大学不能轻易解雇，除非犯了大错，如学术造假或者违反刑法。加拿大大学财政状况不好时，如需要裁人，一般只能裁行政人员，不能裁教师。大学和学术员工工会的集体协议里面提到，只有大学宣布发生财政危机（fiancial emergency）才可以裁教师。终身教职制度的目的是让学者有学术自由，学术工作不受政府和大学的影响。比如，一名教师被聘，是因为他在某个领域的研究，然而聘用之后，如果他转而研究其他领域，学院和系里没有权力干预。

但终身教职制度也有很大的问题和不足之处。中国大学的职称有名额限制，每年全校几个正教授名额、几个副教授名额，是有计划的，全校各个院系的老师共同竞争那几个名额。大学为了做到公平，就需要拿出量化标准。加拿大大学的职称没有名额限制，政府和大学不能干预。教师的聘用、评价和晋升都是学院自己的事情。各个学院也没有不同职称的名额限制，也就是说，不用考虑名额，只考虑资质够不够。结果是，助理教授4～5年都评上了副教授，副教授再过几年都评上了正教授。我查了一下阿尔伯塔大学的教师职称比例，其中助理教授占17%、副教授占36%、正教授占47%。有人会问，那干吗不多聘一些新的助理教授呢？原因是，大学的钱都用来支付正、副教授工资了，给年轻教师的钱就减少了。一位系主任跟我说，以往一位教授退休了，他自然就可以再聘一位新的助理教授，顶上这个职位。现在资金少了，老教授退休了，他需要打报告给院长，看学院有没有钱再聘一个人。我从加拿大统计局网站上了解到，加拿大全国大学助理教授、副教授的占比和阿尔伯塔大学的情况差不多，但正教授的占比低于阿尔伯塔大学。总体的情况是,高职称的人多,工资高,大学的大部分资金用于支付工资,学科队伍纳新受限。

从第二次世界大战后到 21 世纪初的 60 多年里,这个问题没有那么突出,原因是有退休年龄,一般是男女老教师到了 65 岁,都强制退休了,退休金都社会化了,大学没有负担,就会省下资金聘用年轻教师。到了 21 世纪初,北美开始取消退休年龄,认为退休年龄的规定是年龄歧视,违反人权,人们不能因为年龄大而被剥夺工作权利。阿尔伯塔省 2007 年取消了退休年龄,让大家自己决定什么时候退休。当时大学领导估计很多 65 岁的老教师会推迟 5 年左右主动退休,但 5 年过去了,他们发现大家真的太爱工作了,70 岁还是不肯退休。一方面医疗条件好,大家身体不错,还能干,还想干;另一方面,中国老人退休了,要马上帮子女看孩子,加拿大没有这个文化,退休没事儿干,会造成心理问题。还有一个重要原因,正教授的工资不封顶,只要工作,就会继续涨下去,这也造成大家不舍得退休。下图来自加拿大统计局网站,从中可以看出从 20 世纪 70 年代开始,加拿大大学教师群体的年龄不断增大。

加拿大的大学都是公立大学,本科教学的任务很重。阿尔伯塔大学约 4 万名学生,其中本科生接近 3.2 万人,研究生大概 8000 人。每位教授每个学期固定两门课,不能增加,其他时间

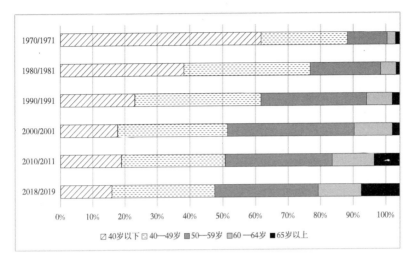

加拿大大学教师年龄分布

要做科研。中国双一流大学的一位理学院的书记过来参加GALD项目，她负责学院人才建设。她比较了一下自己所在大学的理学院和阿尔伯塔大学的理学院，发现学生人数差不多，但阿尔伯塔大学理学院的教师人数比她所在大学的理学院少了很多。她想知道，阿尔伯塔大学理学院是如何支撑学院的教学的，教师人数少，科研产出却比中国大学的还多？答案是，加拿大的大学在教学上大量使用兼职教师，这在加拿大叫sessional instructor，美国叫adjunct professor，只负责教学，不用做科研，不是大学正式员工，只付讲课费，一门一结，没有年薪，也没有其他待遇。阿尔伯塔大学最新的数据显示，阿尔伯塔大学全校聘用了800名左右兼职教师，全校本科生的课程50%是兼职教师教的。大学没有资金聘用更多的正式教职人员，只能这样做。这是加拿大各所大学的普遍做法。英国的大学也是同样的情况。兼职教师这个群体挺值得关注。他们大部分也博士毕业，但找不到教职。我在前文提到过，北美的博士教育是过度教育。很多人博士毕业找不到教职，只能做兼职教师，工资低，工作不稳定。现在这个群体也开始利用工会确保自己的权益。如果说科研是教学的基础，那么兼职教师不要求科研，只评价教学，这对学生来说也不大公平，因为家长送孩子上大学，都希望由教授给孩子上课。

第十一章

大学发展规划

中国有强大的规划能力，长期规划可以规划50年、100年，甚至几百年；短期规划五年一次，到现在已经是第14个五年规划了。中央的规划是顶层设计，下面各级政府根据顶层设计做出地方五年规划。除了政府的总体规划，各级政府的职能机构也做规划。上通下达，全国行动一致，为共同的目标努力。西方政府的规划能力较差，主要跟政体有关。加拿大和美国一样，政党选举四年一次，要说计划，最多四年。说是规划，其实是通过法令的形式让国家在法律的框架下平稳运行，新政党上台，继续有效，除非通过新的法令改变。加拿大政府规划能力差的另一个原因是联邦体制，联邦政府可以规划的有国防、货币、国际关系、移民事务，还有土著事务。经济发展、资源管理、医疗、教育等民生问题，都是省政府自己规划。由于省政府的选举也是政党选举，四年一次，规划也难长远。

各个省之间的关系，在加拿大叫政府间关系。阿尔伯塔省政府有个厅，叫 Intergovernmental Relations，我原来以为是处理这个省和其他国家的关系的，后来发现不是，International Relations 才是，而 Intergovernmental Relations 负责和加拿大其他省的关系。各省关系与各国关系一样复杂。我举个例子。阿尔伯塔省是内陆省，希望建一条管道到西部太平洋海岸，把石油装上油轮，运到亚洲市场。而管道需要经过英属哥伦比亚省，英属哥伦比亚省不高兴，不让管道过，怕有泄漏风险，污染环境。还有，石油资源属于阿尔伯塔省，管道经过其他省，要分多少利润给英属哥伦比亚省，两个省也谈不拢。管道经过土著人保留地，土著社区也不高兴，不让过，原因差不多。那么往东运，运到大西洋海岸呢？要经过更多省份，阻力更大！各省有各省的利益，各省有各省的权力。所以说，在加拿大想做点事情不容易，需要协调各省利益，满足各省的需求。我跟加拿大朋友吹牛，说如果中国想建一条管道，第二周就可以动工，一年内就建完了。这条管道从2004年讨论到现在，架没少吵，管道还是没有建起来！！

回到高等教育，我之前介绍了，联邦政府只能规划科研资助、学生贷款资助，还有对各个省的转移支付。省政府只能规划年度大学拨款的额度和方式、学费涨幅，还有是否资助新专业上马。关于大学的学术发展，各级政府不能干预。不能规划学生招生名额、不能规划教师和员工的编制、不能规划职称的名额和比例、不能规划大学的专业目录、不能规定大学通识课程必须上哪些，也不能派专家组到校评估。加拿大没有对整所大学的评估，更多的是专业评估或者学院评估。行业专业，如工程、法律、医学等，有外部行业协会的定期评估，前文已经提过了。其他学院，如理学院和文学院的质量评估，是教务长的职责范围，每 5～7 年大学会针对某个学院（不是所有学院同时进行）组建由校内和校外成员构成的专家组（一般校外专家为主席），进行 1～2 天的评估，专家组审核单位自评报告、访谈相关人员，形成评估报告，提出建设意见。总的来说，这些学术事务都是大学内部事务，是大学自主办学的权限范围，需要大学自己规划。

中国的五年规划，全国上下一个节奏，包括大学，同时进行。加拿大的规划周期也是选举的周期。获胜政党上台，党首组阁，规划四年执政期。省政府也一样。大学里的规划周期一般和校长任期一致。董事会选出新校长，新校长组阁做事，任期为五年。新校长一般都要带领大学制定自己任期内的发展规划。一般一个校长担任两届，所以一个规划也持续执行十年。阿尔伯塔大学2005—2015年是一个校长，规划的名称叫"勇于发现"（Dare to Discovery）。2015年大卫·杜文斌（Dr. David Turpin）开始担任校长，马上着手做新的大学发展规划。我作为大学的行政人员，经历了整个大学发展规划的制定过程。在这里，我以这个规划为例，详细介绍一下规划制定流程，分析一下规划内容。

2015年7月，阿尔伯塔大学新的校长和教务长产生了，大学发展规划咨询委员会组建，校长和教务长为主席，委员会成员包括各个学院教师、行政人员、本科生和研究生，还有博士后。委员会观察国家和省的大环境、大学内部发展的小环境，向主要校领导咨询，经过6次委员会、10次分委员会讨论，提出10个主题，在2015年11月形成发展规划的讨论稿。从2015年11月到2016年3月，委员会进行全校的咨询，和校园各个利益群体开了30次见面会，进行了850余次个人咨询，整合了网上平台收到的125封邮件反馈。2016年3月，发展规划形成初稿，之后委员会针对初稿进行了第二轮校园咨询，最后于 4 月定稿。2016 年 6 月，学术委员会和董事会通过了新的大学发展规划。这份大学发展规划一共历时近一年，进行了大规模咨询。

参加 GALD 项目的老师很多是大学发展规划处的处长、副处长，对这方面感兴趣。我请阿尔伯塔大学校长办公室的大学发展规划的主要编写人给大家上课，因为她参与了所有咨询会。大家问她为什么需要这么长时间，做这么多的咨询。她说这个咨询的过程很重要，主要是为了实现最多人 buy in，可以翻译成"接受"。如果没有很多人的参与和了解，规划的作用就不会太大，就不会更好地指导实践。她说，一个好的规划应该是大家都能在里面看到自己。

新的大学发展规划叫 For the Public Good[1]，可以翻译成"为了公众利益"，强调阿尔伯塔大学是公立大学，应该为人民服务。规划里有五个总的目标，用五个英文动词表示，分别是 build（建设）、experience（体验）、excell（卓越）、engage（参与）和 sustain（持续）。build 强调教师队伍建设和吸引最好的学生，experience 强调学生的体验式学习，excell 强调世界一流的科研，engage 强调开放办学、服务社会，sustain 强调大学的财政实现可持续发展。每个大目标下面包含几个小目标，每个小目标下面又包含几个具体策略。这就是整个文件的结构。我翻译了第一个目标"建设"的全部内容，并以这个目标为例观察其内容和特点。

---

[1] https://www.ualberta.ca/strategic-plan/index.html

总目标

通过战略性的招生和招聘、人才保留,以及教师年龄结构优化计划,阿尔伯塔大学将汇聚来自阿尔伯塔、加拿大乃至全世界的优秀学生和教职工。我们将创建一个包容的文化环境,让所有人都能通过相互的交流与协作成就卓越,并在与多样化的个体、群体的交流中丰富自我。我们将通过丰富的教育和人生体验创建一个支持性的学习环境,并以此维持我们兼容并包的文化环境。我们将与原住民学生共同努力,创造新的项目,建设新的场所,以此丰富大家对加拿大历史的理解和认可。我们会为阿尔伯塔大学取得的突出成就感到自豪,并会把我们的故事告诉世界,不断提升我们在全省、全国乃至全球的声誉。

(1)通过建设一个多元的、包容的校园,聚集来自阿尔伯塔、加拿大乃至全世界的优秀学生和教职工。

制定和落实一个旨在吸引全省和全国顶尖本科生和研究生的招生计划,不断强化我们作为一个综合类研究型多校区大学的突出优势,并提供法语教学和乡土博雅教育(rural liberal arts education)。

制定和落实一个能够吸引全省和全国原住民学生的本科生和研究生招生及人才保留计划。

优化我们的国际生招生战略,吸引来自重要战略地区的优秀学生。加强国际生服务,确保国际生能在取得学业成功的同时充分地融入各项校园活动。

通过给予学生充足的财务支持，确保优秀的本科生和研究生能够来到阿尔伯塔大学就读。

（2）在现有师资团队的基础上，通过教师年龄结构优化计划来确保阿尔伯塔大学教学工作的高水平和多样化。

在全球范围内吸引并保持一支优秀且多元的教授和博士后团队，并将增加助理教授的比例作为前期重点。

审核、改善招聘流程，确保流程的公平性。建设一个更为平衡的师资团队，为女性、少数族裔、原住民和残疾人士等提供更加充分的支持和保障。

与教授建立更加长期、稳定的合同关系，为教学能力出众的教授提供包括继续任用在内的职业发展路径。

为教授职业过渡提供支持。鼓励退休教授继续参与学校活动，分享他们的专业知识与丰富阅历。

（3）通过改善阿尔伯塔大学的工作环境，制定合理的聘用和人才保留计划，持续保有一个高水平且多元的非教学人员团队和行政管理团队。

为非教学人员、行政管理人员和教学人员创建符合职业流动的职业发展道路，提供包括人员借调、人员交换和工作实习的各类职业机会。

审核、改善招聘流程，确保流程的公平性。建设一个更为平衡的非教学人员团队，为女性、少数族裔、原住民和残疾人士等提供更加充分的支持和保障。

鼓励、支持和奖励不同单位、不同院系和不同校区的各类员工对最佳实践方法的交流与分享。

（4）在与内部和外部的利益相关者充分交流和合作的基础上，为真相与和解委员会的相关报告建立一个关切的、值得尊重的、有意义的和可持续的回应机制。

在各校区提供与原住民和解相关的学习机会，并鼓励学生和教职工积极参与。

将马斯克瓦原住民学习公寓建设成一个充满理解、热情友善的文化交流中心。在这里，原住民和非原住民学生可以分享原住民们独特而又充满自豪的历史。同时，原住民学生可以在这里获得社会、文化和精神上的支持，并使他们在学习中获得佳绩。

通过评估阿尔伯塔大学在回应真相与和解委员会的行动呼吁中所做出的努力，维持阿尔伯塔大学一贯的高效率。

（5）以共同的价值观为中心，深化阿尔伯塔大学全体成员之间的信任关系和共同的归属感。

充分支持能将在校学生、毕业校友、学校教职工和退休教授联结在一起的各项活动和学校传统。

鼓励多元化和包容化。

为毕业校友和学校志愿者成为顾问、导师和志愿者创造更多机会。

重视员工、学生、博士后研究员和教授在学校中承担的不同角色，使大学能够进一步受益于他们不同的技能、观点和经验。

通过相互尊重的对话来培养个人之间、学院之间、部门之间、行政单位之间以及校园之间的信任关系，并为了解彼此之间的文化差异创造机会。

通过鼓励和支持各项校园活动和学校服务（例如艺术和文化活动、学生社团、志愿者团体、学生俱乐部），让所有学院的学生都能融入大学这个整体。

（6）制定一个全面的跨机构的战略，以此来展示阿尔伯塔大学在地区、国家和国际上的故事，使这些故事在阿尔伯塔大学和我们的众多利益相关者之间得到充分的传播和重视。

围绕核心制度叙事（承诺、使命和影响），搭建一个广泛全面的品牌平台（声誉、形象和故事）。

积极向各级政府和其他核心利益相关者展示阿尔伯塔大学所开展的各项活动，向其表明大学活动与他们各自的目标和战略之间的一致性。

通过提供各种证据，充分展示阿尔伯塔大学在经济和社会方面为阿尔伯塔以及其他国内外利益相关者所做出的贡献。

从"建设"目标的全部内容可以看到，所有的目标都是价值的描述，包括建设包容的校园、优化教师年龄结构、雇用和保留优秀人才、参与和少数民族的和解、增加师生归属感、讲好大学故事，也指明了努力的方向。但总的来看，没有硬性的要求，没有量化的指标。我可以解释其中的原因。

第一，大学的管理是以二级单位为中心的管理，学院负责教师的聘用和评价，依靠同行评价，大学内部没有统一标准。这样，大学如果拿出量化的指标，就会遭到学院和教授群体的挑战，认为大学在干预学院的自主管理，影响教授的学术自由。

第二，大学的预算是以二级单位为中心的预算。如果大学给学院派指标、下任务，让学院多做事，如让学院多招新教师，学院肯定会跟大学要资源，而校长、教务长手上没有钱，省里给的钱都在年初分给学院了。

第三，加拿大的大学进入平稳发展期，给教授足够的资源，再给他们足够的信任，让他们根据自己的科研兴趣自由探索。他们的规划，目的是谈价值、谈未来，激励老师为理想而努力。再说，每年教师工资的涨幅，足够刺激老师努力工作，不需要再自上而下通过指标的形式给他们压力。

那么阿尔伯塔大学这个抒情、励志、讲故事、谈未来的规划，在大学建设方面到底有没有作用呢？据我的观察，作用还是很大的，不是"墙上挂挂"而已。教师的考核，由系主任做；系主任的考核，由院长做；院长的考核，由教务长做；教务长的考核，由校长做。大学发展规划，体现校长的办学理念和办学目标。校长考核教务长，教务长考核院长，也必然要以大学发展规划的理念和目标为标准。在新的大学发展规划制定之后，各个学院和各个行政单位也纷纷制定自己部门的规划，很多都主动采用（大学没有要求）大学发展规划的五个总目标，谈在本部门如何发展"建设"、如何提高学生"体验"、如何追求"卓越"、如何"参与"社会、如何做到可"持续"发展。各个部门有什么具体的举措，都必须符合大学发展规划的目标。GALD 项目请大学各个处级干部做报告，他们经常谈他们所在科室的工作是基于大学发展规划的哪一个方面的目标。所以说，大学的发展规划，虽然没有硬性指标，但也起到了统一方向、调动全校的作用。

  2020 年 7 月，Dr.David Turpin 做满一届校长，决定退休。女王大学法学院院长 Dr.Bill Flanagan 在疫情期间被聘为新的校长。新校长一入职就开始了大学的院系和行政机构改革，他沿用上一个大学发展规划，毕竟上个规划才执行五年。但我发现，大学各个部门很少再提这个规划了，而是向新校长的改革想法靠拢。这也证明了我的看法，大学发展规划的周期就是大学校长的任期。果然 2023 年初，疫情过去，大学运行平稳，新的校长开始着手制定新的大学发展规划了！

第十二章

工会与学生会

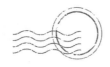

我之前说过，加拿大大学的治理模式可以叫不同利益群体的共同治理。大学由教职员工和学生两个群体构成，那么教工和学生就是大学里的两个最大利益群体。如果大学有股份，教师和学生就是最大的持股人。这一章我们谈加拿大大学的工会和学生会，还是以阿尔伯塔大学为例。

中国大学和加拿大大学都有工会，但两者的性质和功能有很大不同。中国大学的工会是党委会下设的一个机构，其性质是中国共产党领导下的工人阶级群众组织，其功能是自下而上维权，自上而下维稳，成为连接执政党和群众的纽带。中国大学的工会主席是大学的校级行政干部，工会的工作人员也是大学员工，拿大学付的工资，工会属于大学行政机构。加拿大大学的工会独立于大学存在，是职工群体的法定代表，就工资标准、工作时间、条件待遇等重要雇佣问题与雇主交涉谈判。工会和大学是两家人，是对立面，坐谈判桌两侧。加拿大大学的工会主席不是大学的行政干部，工会的工作人员也不是大学的员工，工资从工会会费中支出，工会不属于大学行政机构。

中国大学的员工分成教师和行政干部两类；加拿大大学的员工也分成学术员工（academic staff）和非学术员工（non-academic staff）两类。这两种区分不能严格对应。阿尔伯塔大学有两个工会，一个是学术员工工会，英语叫 association of academic staff of the university of alberta，简称 AASUA。另一个是非学术员工工会，英语叫 non-academic staff association，简称 NASA。我们先看学术员工工会。阿尔伯塔大学的学术员工工会代理的会员（基于 2020 年情况）来自七个学术群体，包括：

• 教师（academic faculty），共 2017 人。教师是指所有的助理教授、副教授和正教授

• 图书馆馆员（academic librarians），共 62 人。加拿大的图书馆馆员的培养属于行业培养，跟律师和医生差不多，需要先读任何一个专业的本科，然后读三年图书馆学院的图书馆学专业，毕业得到图书馆馆员的资格认证。除了这 62 个专业的图书馆馆员，阿尔伯塔大学的图书馆还有大量普通工作人员，他们属于非学术员工，是非学术员工工会的会员

• 大学高等行政干部（administrative & professional officers），共 327 人。高等行政干部，不是教师，而是担任行政岗位的人，但他们的工作被认为具有学术成分，因而他们属于学术员工工会。阿尔伯塔大学把 manager 及以上的所有行政人员，都叫高等行政干部，纳入学术员工群体。manager 以下的职员则属于非学术员工工会

• 兼职教师（academic teaching staff），801 人。我们在前文提到了，北美的正式教师人数少，50% 的本科生的课，需要外聘

兼职教师来上。兼职教师一般也是博士毕业，但没有教职，没有基本工资和待遇，只有讲课费

・学院高等服务人员（faculty service officers），95人。各个学院财务独立，需要专业的二级财务人员；人事也独立，需要专业的二级人事干部。各个学院还有搞宣传的人。这些服务人员中manager以上的，都叫学院高等服务人员，归入学术员工工会

・科研助理（trust/research academic staff），443人。科研助理都是教师用科研经费聘用的，帮助教授做实验，完成科研项目。他们也是博士毕业，很多是博士后出站，但跟兼职教师类似，他们的工资没有纳入大学长期预算，属于短期合同工

・短期图书馆与行政人员（temporary librarians, administrative and professional officers），137人。这一部分人员是短期聘用的，但职位比较高，级别在manager以上的归入学术工会

以上所有这些人员，自聘用之日起，就自然成为学术工会的会员，会费自动从工资中扣除，会费标准由全体会员投票通过。加拿大所有公共机构的管理都采取委员会的形式，民主管理，大学工会也是这样。阿尔伯塔大学学术工会委员会有60多个委员，13个执行委员，包括主席、副主席、学术群体主任，还有财务、首席谈判专员等。这些委员和职位都从会员中选出，属于兼职，是志愿工作，不领薪水。如果在工会的工作占用所在院系的工作时间，工会按小时计费补偿给所在院系。委员会是决策机构，下面聘用10个左右全职员工，处理工会的日常工作。工会包括一个

主任（也是工会的律师）、三个副主任，分别负责劳工关系、运营和谈判；还有两个劳工关系专员、一个高级顾问和一个办公室的前台服务人员。这些员工是工会的雇员，不是大学的员工，工资从工会的会费中出。

除了以上学术员工，大学其他的员工都属于非学术员工工会（NASA），人员涵盖面比较广，从各个院系和科室的职员，到后勤的工人。非学术员工跟学术员工一样，一入职就自然成为会员，会费自动从工资中扣除。会费是非学术员工工会的唯一运行资金来源。非学术员工工会的组织和运行也和学术员工工会差不多，都有委员会、执委，还有日常工作人员。区别也是有的。几年前，非学术员工工会的大会投票通过一个决议，决定聘用一个专职的主席。也就是说，非学术员工工会不但有10个左右的全职工作人员，还有一个领工资的专职主席，而学术员工工会的主席和其他执行委员都是兼职工作，不从工会领工资。

加拿大大学工会的职能可以说有三个：和大学谈判员工工资和待遇、协助教工投诉、影响大学政策。工资和待遇的谈判是最重要的职能。一般 2～3 年谈判一次，也可能一年一次，根据上次合同的有效时间，主要就未来 1～3 年的工资涨幅谈判。甲方是大学董事会，乙方是大学的两个工会。两个工会的谈判独立进行。我之前介绍过，各个院系教师年度考核，根据业绩给予工资积点。这是工资增长的一部分。工资增长的另一部分是普调，它根据大学和工会的谈判结果，所有人一起涨。关于教工投诉，教师在评职称和年度考核时，如果感觉遇到不公的待遇，可以找工会代理协助解决。还有，如果教师和本院系的领导有矛盾，也可以找工会代理协调解决。工会负责劳工关系的工作人员，负责这方面的工作。教务长办公室聘用几个教师关系专员（faculty relations specialist），负责和工会对接协调。关于影响大学政策，大学的董事会、学术委员会，还有参议会都有工会的代表，他们参与大学政策的制定，并监督大学政策的执行。

我对加拿大大学工会感触很深的有两点。一点是，会员不能轻易加班，如果加班，需要提前30天向顶头上司申请，这是工会的要求。除了十分必要，上司不轻易批准，因为每个小时加班费至少是平时的1.5倍。另一点是，加拿大大学没有"双肩挑"，教授做了院长，教务长考核他们工作的时候，只看行政工作，不看教学与科研。各处的处长也是专职做行政，没有教授兼任。从工会的角度看，"双肩挑"是一个人干两个人的活儿，但拿一个人的工资，那怎么能行！但在中国，行政人员加个班，也没有什么可抱怨的。中国大学学生放寒暑假，老师们都放假，行政办公室可能留一个人轮流值班，大部分人不用上班。加拿大大学里面的行政人员没有寒暑假，实行的是带薪休假，到底每年休多少天，也在大学与工会的集体协议里面规定好了，地位高的、工作年限长的，可以多休点。大学的办公室从不关门，除非法定假日。大家只能轮休，不忙的时候，才跟领导商量休假。我连续两年的工作考核，领导都说我工作表现不错，但不善于安排自己的假期时间，积攒了太多假没休。

两个工会都是依据阿尔伯塔省高等教育法设立的。如果大家注意一下就会发现,这两个工会的英语叫 association,不是 union（协会）。那协会和工会有什么区别呢？我问了工会的人,他们说其实省政府把这两个组织叫协会,让大家有事儿好商量。如果工会和大学谈不拢,只能找第三方仲裁,不能罢工。比如,工会希望明年工资统一涨 3%,大学说只能涨 1%,那么第三方仲裁只能选一个,不能和稀泥,取中间值。以此逼着双方妥协。工会没有罢工的权利,这样大学的正常教学就不会受影响。大学工会也不想要罢工的权利,如果工会决定罢工,雇主可以采取的反制措施就是停发工资,集体解雇。这样一来,雇员就有吃不上饭的危险,如果想对雇主构成威胁,工会就得增加会费,成立罢工基金,在罢工期间给员工发补助,保证员工在一定时间之内有面包吃。羊毛出在羊身上,没有人愿意多交会费,所以工会没有罢工的权利了。

但前几年联邦高院有一个针对另一个省的判例,说不给工会组织罢工的权利是违宪的。这样阿尔伯塔省只能修订高等教育法,给大学工会罢工的权利,工会也不得不为罢工做准备,增加会费标准,成立罢工基金。工会还要跟大学商量决定,哪些岗位是重要岗位,不能参加罢工,比如大学发电厂的工人。中国北方城市都是集中供暖,大学也一般是城市供暖。加拿大每家每户自己烧锅炉供暖,但大学自己有发电厂,为全校的中央空调供电。除了给大学供电,大学发电厂还给大学医院供电、供热水等。他们罢工了,医院停电,就会出人命的！大学希望把更多的岗位列入不能参加罢工的关键岗位,在罢工情况下保持大学正常运行。而工会希望不要把太多的岗位列入不能参加罢工的关键岗位，因为这样的话，罢工对大学的威慑就小了。有了罢工的权利，工会还要和大学在这个方面谈判。

谈完工会，再谈谈学生会。学生会和工会的性质其实一样。工会代表员工利益，学生会代表学生利益。中国大学的学生会设在团委之下，接受大学管理，活动得到团委资助，没有独立的预算。阿尔伯塔省高等教育法规定，学生会具有独立法人资格，不是大学的一部分，而是独立于大学存在。这一点也和工会一样。阿尔伯塔大学有两个学生会，一个是本科生会，一个是研究生会，除了独立法人资格，还有独立预算。大学董事会、学术委员会、参议会，还有各种委员会、工作组，都有学生会代表。学生会代表学生参与大学管理，影响大学政策，监控大学政策的执行，并有义务维护违纪学生的权益，保证大学处理的过程公正。

本科生会代表大学约 3.2 万名本科生，为他们在大学和各级政府发出声音、争取利益。所有本科生自然成为会员，学费中包含学生会会费一项，由大学注册处收取，再转给学生会。2020 年的标准是每人每年 91.99 加元，乘以学生数，学生会每年就有近 295 万加元的收入，而 2020 年本科生会的总预算为 1400 万加元。也就是说，会费收入约为总预算的 21%。其他的收入从哪儿来呢？大学里有一栋 7 层的楼，叫阿尔伯塔大学本科生会楼（student union building，简称 SUB）。这栋楼的所有权属于本科生会，是本科生的家园，里面有学生会自己运营的生意，包括剧院/电影院、咖啡厅、酒吧、餐厅、便利店，还有一个印刷店。除了自己的商业，学生会还出租店面，收取租金。这些商业收入，是会费之外的大笔收入。

阿尔伯塔大学本科生会楼

本科生会的管理也是委员会制，本科生会委员会由33名本科生构成，从各个学院的本科生中选出。本科生会委员会是本科生会的"立法"机构，制定本科生会章程和政策，下面常设9个分委员会，讨论通过不同领域的政策。全校学生通过大选的方式选出学生会的执行委员，包括1个主席、4个副主席，分管学术、外联、财务与运营，还有学生生活，很多人是全职工作，他们已经修完所有课程，已经毕业或者等待毕业，一学期只选修一门课保住学生身份。本科生会大选每年3月份进行，和总理与省长选举一样，每人有花费限制（500加元，由学生会出），有拉票活动、海报宣传、直播辩论等等。投票时间为一天，采用网上投票，一人一票，每个投票人绑定学生号，以保证公正。5 个执行委员任期一年，领年薪，年薪不到 4 万加元。5 个执行委员一年的薪酬最多 20 万加元，那 1400 万加元的总预算都花在哪儿了呢？

阿尔伯塔大学迎新现场

　　跟大学的其他部门一样，花销的大头都是人员工资。本科生会除了经营自己的生意，还要给本科生提供大量服务。这些服务包括每年一度的新生迎新活动、400 多个学生社团的管理和活动经费资助、设立本科生的各种奖项、为院系学生会提供学生领导力发展课程、学生朋辈支持项目（心理健康），还有一个非常有特色的"安全回家"服务。阿尔伯塔省冬天天黑得早，很多学生走读或者在校外租房，一个人从教学楼走到车站害怕的话，可以打电话给学生会，这个项目就会派两个志愿者，陪着学生到车站，送学生上地铁或公交。很多中国大学学生处和院系提供的服务，这边都是学生会提供。这么多服务项目，不能仅靠学生会的主席和副主席，酒吧、餐厅、咖啡馆都需要人工作，学生会的执行委员负责管理，不能让他们去做服务员。

大学董事会聘用校长，校长聘用教务长和其他副校长，教务长聘用各院院长，院长聘用副院长、系主任。教务长还聘用几个处的处长，处长再聘用副处长、科长。学生会的管理也一样。学生会委员会聘用一个总经理，总经理向主席和副主席汇报工作，对委员会大会负责。总经理聘用员工，运营生意、提供服务。现在阿尔伯塔大学学生会的总经理40多岁，是从阿尔伯塔大学毕业的，毕业前也担任过学生会主席。出去工作一段时间后，他又回到大学做学生会经理的工作。这份工作是全职工作，工资没有外面高，但他对学生会工作充满热情。他手下设有几个部门经理，一共聘用了200多名员工，员工有的是兼职工作的学生，有的是全职工作的社会人士。和两个工会的工作人员一样，总经理和这200名员工都不是大学的员工，是本科生会的员工。这200名员工在一线负责整个本科生会的服务和生意。他们的工资也是本科生会预算的主要支出。

阿尔伯塔大学的研究生会，其性质、职能、组织和运营与本科生会基本一致，但有两点不同。研究生会代理大学8000名研究生，人数少、规模小，没有自己的物业，也没有自己的生意，预算来源只有研究生的会费，聘用的员工也不多，服务项目也不可能太多。研究生会的主席和几位副主席，都是全职学生，没有年薪。研究生会的作用很重要。研究生要在大学工作，或做助研，或做助教，研究生会代表所有研究生和大学签订集体协议，规定研究生的小时工资标准，大学各个院系雇用研究生工作，都不能低于这个标准。研究生本人也不用和院系讨价还价，放心工作就是。行政办公室聘用研究生，工资标准也必须按这个标准执行，要不然大学就违反协议了。我们 GALD 项目一直聘用来自中国的博士生做项目助理，时薪也按照这个标准。

每期 GALD 项目，都会请两个工会的主席或者主任跟大家见面，回答大家的问题。我们还会请本科生会和研究生会的主席或者副主席给大家做报告，介绍两个学生组织的管理和运营情况。大家都惊讶于加拿大大学工会和学生会的法律独立性，还有它们在大学治理中的重要性。它们真正代表各自的利益群体，参与大学管理，是大学治理结构的重要组成部分。这些组织的活动体现了各个群体自我管理、自我服务的意识和能力。我认为中国大学的学生会管理也可以借鉴加拿大大学的学生会管理模式，给它们一个年度预算，让它们自行管理、自行组织活动、自行提供学生服务，这也是对学生领导力的一个很好的锻炼方式。当然，加拿大大学学生会组织活动也需要上报学生处审批，保证安全。

第十三章

人才培养文化
——学习篇

人才培养是一个中国高等教育里使用的概念,十分宽泛,涵盖学生发展的全部,既包括本科生,也包括研究生;既包括学习,也包括生活。本书集中谈本科生,这一章主要谈本科生的学习。

从学生的入学开始谈吧。我在国内听说过,老外的大学是"宽进严出"。所谓"宽进",就是没有高考,录取的依据是高中老师给的平时成绩,再加上高等教育资源充分,上大学不难。国内的学生有高考,竞争性比较强,学生的压力比较大,是"严进"。"严进"有个结果,很多人可能没有注意到。严进影响中国家长的心理,增加了家长对大学的期待。既然孩子通过了高考,被大学录取,就说明孩子有能力,是上大学的料。那如果孩子毕不了业,是谁的责任?肯定是大学的责任,是大学没有教好,没有管理好。

有了家长的这个期待,大学就得努力让学生顺利毕业,争取四年毕业,接近100%毕业,期末不及格有补考,毕业前可能还有个大补考,导致的结果是"宽出"。加拿大大学正好相反,在"宽进"之后是"严出",不及格没有补考,只能重修。重修一门课的费用和上新课程一样,要求也一样。听说国内有的大学重修的费用非常少,加拿大大学的重修费,一分也不少。一遍又一遍地重修也不行,阿尔伯塔大学的各个学院每年两个学期之后,计算学生修课的平均成绩，确定最低标准，对不达标的学生实施劝退，一年淘汰一次。也不是马上淘汰，一般要求学生休学一年，调整状态，第二年重新入学，无条件返回学院，重新修课。这是第一次。如果不休学，还有一个办法，那就是以社会人的身份（不属于任何一个学院）选修大学开放学习（open study）的课程。但这种情况，学院一般都会有要求，一年修课不能少于多少门、平均分不能低于多少分。低了，就算第二次不达标。第二次不达标，要求休学3年，不保留学籍，3年后需要重新申请入学，学院按照当年的录取标准决定是否录取该学生。谁能等3年呢？等了3年还不一定被录取。虽然不说淘汰，其实也差不多了，学生肯定要另找出路了。

加拿大大学对毕业率的统计口径是6年，而不是4年，原因我在前文已经说明。我查了一下阿尔伯塔大学本科生的历史毕业率，也就是看从高中直接入学的学生，6年后有多少人毕业，从2014年到2021年毕业率有所提高，但最高也才74.1%。

这个毕业率是不是太低了？如果中国大学的毕业率不到70%，上级政府肯定要约谈书记、校长了！中国的家长可能要跟大学讨要说法了。大学的招生可能也要受影响。加拿大政府也十分在意学生的毕业率，他们叫完成率（completion rate）。不毕业毕竟是对公共资源的浪费。最近阿尔伯塔省政府计划改革大学的资助方式，扣除一定比例拨款，制定绩效标准，按标准打分，根据各所大学的分数确定给大学多少拨款。其中一项绩效标准，就是学生的学业完成率。但阿尔伯塔大学毕业率只有不到80%，却还没有摊上麻烦，省政府没有约谈大学，家长也没闹事，为什么呢？这就要看加拿大其他大学的毕业率情况了。这个数据不好得到。我找到了一个全国的调查[1]，统计了2007年入学的本科生到2014年的毕业率。统计的口径更长，是7年。根据这个统计数据，阿尔伯塔大学7年的毕业率接近80%，是全国大学本科毕业率的平均水平，很多大学的毕业率都低于80%。详细数据如下：

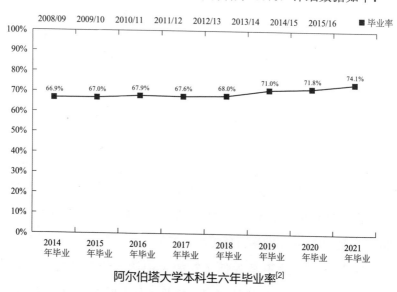

阿尔伯塔大学本科生六年毕业率[2]

University of Winnipeg 44.7%

Brandon University 46.1%

Mount Saint Vincent University 53.6%

---

[1] https://www.macleans.ca/education/canadian-universities-with-the-highest-and-lowest-graduation-rates/

[2] https://su.ualberta.ca/media/uploads/1143/Annual%20Report%20on%20Undergraduate%20Enrolment%202021-22_jHPBLy5.pdf

Saint Mary's University 54.2%

St. Thomas University 54.9%

Moncton University 58.4%

University of Regina 58.5%

Cape Breton University 58.9%

University of Northern British Columbia 61.1%

University of Victoria 62.4%

University of New Brunswick 63.0%

University of Manitoba 64.9%

Mount Allison University 65.2%

Memorial University 65.5%

Ontario Tech University 66.0%

University of Saskatchewan 67.1%

Trent University 68.4%

York University 68.4%

Dalhousie University 68.7%

Carleton University 69.0%

Simon Fraser University 69.1%

Acadia University 69.5%

Concordia University 69.9%

Brock University 70.2%

University of Prince Edward Island 70.8%

Nipissing University 71.0%

Laurentian University 71.1%

Bishop's University 72.1%

St. Francis Xavier University 72.9%

University of Windsor 73.5%

Lakehead University 73.8%

Lethbridge University 73.9%

Wilfrid Laurier University 74.6%

University of Ottawa 75.0%

Toronto Metropolitan University 75.0%

University of Quebec in Montreal 76.9%

University of Alberta 77.2%

University of British Columbia 78.0%

University of Montréal 79.9%

University of Toronto 80.8%

University of Guelph 81.0%

McMaster University 81.5%

University of Waterloo 82.4%

University of Calgary 83.0%

McGill University 84.6%

Laval University 85.7%

Western University 87.1%

Sherbrooke University 88.2%

Queen's University 89.2%

西方发达国家大学学生的辍学率都挺高,我看到一篇学术文章对经合组织(OECD)国家大学辍学率的比较,西方国家大学生的辍学率都挺高,英国是16.3%,法国是17.9%,荷兰是28.3%,意大利是34.1%,毕业率低可以说是西方大学共同面临的问题[1]。加拿大的本科课程里面没有公共课。中国大学里的公共课,又叫通识课,开设目的是培养学生学科以外的基本能力和素质。加拿大大学没有这些课,这些素质的培养要通过跨系选课实现。加拿大本科各个专业毕业的学分要求基本一致,都是120个学分,全部是本专业要求的学分课。学分在英语里叫credit hours,可以直译成"学分时"。北美大学每门课一般都是3学分,意思是说每门课每周上课3个小时,上完一个学期,得到3学分。那么一个学期多少周呢?一般是13周。秋季开学时间和中国一样,都是9月初。秋季学期一共4个月,即9—12月,圣诞节前完成考试,一个学期结束。3学时一周,一共13个上课周,每门课的总课时就是39个小时。从12月25日到来年的1月2日,大概10天时间,学生放假,回家过圣诞节和新年。加拿大的冬季学期,开始时间是1月初,4月底前完成考试,上课周也是13周,每门课的总课时也是39个学时。5—6月算春季学期,7—8月算夏季学期,开课有限,集中授课,每门课也要上够39个学时,大部分学生5—8月都不选课,那么他们的暑期就是4个月,很长。学生一般都出去全职打工赚钱。国际学生也可以在暑期全

---

[1] Behr A, Giese M, Kamdjou H D T, Theune K. Dropping out of University: A Literature Review[J]. Review of Education, 2020, 8(2): 614-652.

职打工,这是很好的锻炼。

120个学分毕业,每门课3个学分,每个本科生一共需要修40门课。也就是说,一个本科生,无论学什么专业,培养方案里面都是规定40门课,修完这40门课,就可以申请毕业。本科阶段没有毕业论文和毕业设计的要求。如果一个本科生希望4年按时毕业,每年需要修10门课。一年有两个学期,那么一个学期就需要修5门课。我以往听说,北美实行完全学分制,谁先修满学分,谁先毕业。学生可不可以每个学期多修几门课,早早毕业呢?答案是不行。加拿大本科生一个学期最多只允许修5门课,如果还有6门课就毕业,希望一个学期修完,需要学院学术副院长签字,院长签字前还要查一下该学生以往的成绩,如果以往成绩不怎么样,就不会签字。大部分学生,比如新来的国际学生,一个学期可能只上3门课,不然就要挂科。

为什么中国本科生一个学期可以修6～8门课,而加拿大学生只能修5门呢?我的观察是,加拿大每门课的课业要求要重一些。我的同事大部分都在加拿大读过本科。我问他们,修一门本科生的课,需要花多少工夫才能及格。他们跟我说,一个 rule of thumb(拇指规则,或者叫经验法则)是上1个小时的课,自学3个小时。如果一个学生一个学期修满5门课,1门课每周上课3个小时,那么一共一周在教室里面上课的时间是15个小时。每上1个小时课,自己独立学习3个小时,那么一周就要自学45个小时。上课加上自习的时间是60个小时。一周7天,把周日留出来,洗洗衣服、买买菜,再和朋友见个面、吃顿饭,那么剩下6天每天的学习时间就是10个小时。每天10个小时,可不轻松啊!

但学生需要每天锻炼，没有体育课，得自己去体育馆，不然身体吃不消。加拿大的学生每周还都需要工作几个小时，赚点钱。每天学习的时间肯定保证不了 10 个小时。我听一个学院的院长在新生动员会上说，1 个小时的课，如果 3 个小时自习时间保证不了，至少也要保证 2 个小时，才能保证及格，顺利完成学业。

北美的大学基本都有大学校历 calendar（请参考阿尔伯塔大学校历[1]）。这个校历不但包括大学学术日历（academic schedule），还包括本科生和研究生的申请流程、录取标准、大学的纪律规定（学术和行为两个方面都有）、各个专业的培养方案（课程要求）和毕业标准。这个校历，就是大学和所有学生之间的契约，大学和学生都需要履行此契约。还有一个契约，就是每门课的大纲，每个老师在第一节课，都需要给学生提供大纲，里面规定了这一门课 13 周每周都涵盖哪些内容，每一次课课后的作业是什么、占最后成绩的百分比是多少。

每周作业的形式，教师们喜欢使用阅读文献、写小论文、小组讨论（group work）和课堂演讲（presentation）。每周都有作业，每周都有任务，每周都有成绩。这样的要求和评价方式叫 progressive assessment，可以翻译成"形成性评价"。学生的最终成绩，是平时很多作业成绩的总和。学生每周都有事做，要求都不低。平时成绩低，期末考试再高，也怕不及格。中国大学每门课的评价方式也在发生改变，但根据我的印象，期末考试的成绩所占比例比较高，学生平时的任务不多，轻松些，期末考试可以

---

[1] https://calendar.ualberta.ca/

突击一下，一门课总的任务量加起来，可能没有北美大学的一门课多。这也就是为什么中国大学生一个学期可以选 7～8 门课，而加拿大的学生最多选 5 门，还不容易完成。我听说中国大学也在不断引入形成性评价，提高课程质量和要求，但一般教务处会规定期末考试成绩占最终成绩的比例，就怕老师平时放松对学生的要求。

教学的自由，是教师学术自由的一部分。系主任可以给老师安排上什么课，但不能规定怎么教。我仔细看了阿尔伯塔大学和学术员工工会集体协议里面有关教学的规定，有一条是这么说的，大学和工会都"遵循学术自由的原则，即教师有权调查、质疑、教学、学习、研究、思考、评价和批评，不必墨守成规"。还有一条说："在认可系、学院和大学的课程描述和学术政策前提下，教师可以自主决定具体的课程内容和教学方法。"总体上看，教学是大学老师学术自由的一部分，没有中国的教学督导制度，也没有教学比赛。可以说，老师爱怎么教，就怎么教，只要学生买账。当过老师的人都知道，其实让学生买账，也不难。但总的感觉是，加拿大的老师虽然科研压力不小，但对待自己的教学工作挺认真，对学生也是很负责的。

说完教学态度，我再介绍加拿大大学的教学方法。加拿大的大学老师，文化背景多样，教学方式也不同，不是所有老师的教学都是一样的，也不能说所有老师的教学都是一流的。但总体上看，东西方的教育教学理念还是有些系统性的差异。东方的教育教学方法受到东方文化思想的影响，西方的教育教学方法受到西方文化思想的影响。[1] 东方教育受儒家哲学的影响,强调勤奋、谦虚、尊重的学习态度。西方教育受苏格拉底哲学的影响,强调质疑、批判和独立思考的探究精神。东方的教育强调知识的积累,要"学而时习之"。西方的教育强调创新的能力,要"跳出盒子思考"(think outside the box)。这两种不同的教育传统各具特色,各有优势,互补性很强。中国学生的基本知识扎实,西方教育学者希望学习中国的教学经验。[2] 中国新世纪的大规模课程改革,就是希望引进西方发现式的教学方式。西方大学的确非常强调发现式教学,发展学生自己动手创新的能力。我试举阿尔伯塔大学的例子。

阿尔伯塔大学的纳米研究非常强。大学有一个大的、国家级纳米实验室,叫 nanoFAB,占地 2322 平方米,拥有 200 多台先进仪器,总造价达到 8400 万加元。这个实验室面向全校和全社会开放,无论是研究生还是本科生,经过一个短期培训,就可以

---

[1] Kumiko A. Confucius vs. Socrates: The Impact of Educational Traditions of East and West in A Global Age[J]. International Journal of Learning, 2008, 14(11): 35-40. Tweed R G, Lehman D R. Learning Considered Within A Cultural Context: Confucian and Socratic Approaches[J]. American Psychologist, 2002, 57(2), 89-99.

[2] Tucker M. Surpassing Shanghai: An Agenda for American Education Built on the World's Leading Systems[M]. Cambridge: Harvard Education Press, 2011. 这本书叫《超越上海》,上海作为一个地区参加 PISA 考试之后,成绩非常好,美国学者为了参考上海(还有世界其他地方)中小学教学经验而编写了这么一本书。

独立使用实验室的仪器，自己动手做实验。阿尔伯塔大学的工程学院在加拿大是一流的，校园里有一栋工程学院教学楼，叫工程教学与研究中心（engineering teaching and learning centre），研究中心二楼有一个 557 平方米的大空间，叫 Elko 工程车库（Elko engineering garage），是专门给本科学生动手学习、创造的空间。阿尔伯塔大学理科学院的学生，以本科生为主，他们在老师的指导下自行研发制作的卫星，2017 年成功飞入太空，叫"阿尔伯塔 1 号"，用于监控和研究太空天气。他们现在正在研发制作"阿尔伯塔 2 号"，希望用于监控和研究地球森林火灾。

　　前文提到了本科生会的工作，政府和大学都十分鼓励本科生自我管理、自我服务，培养他们独立自主的精神，参与民主管理的能力。这些开放、自由、鼓励自己动手、独立创新的教育教学方法，是值得中国大学学习的。我认为，学习西方是为了实现平衡发展，让我们的学生既有勤奋、谦虚、尊重的学习态度，又有质疑、批判和独立思考的探究精神。

第十四章

人才培养文化
——生活篇

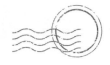

这一章我们继续讨论加拿大大学的人才培养文化,谈学生的生活。很多参加 GALD 项目的老师是负责学生工作的,对这个问题十分关心。

我们先谈学生的住宿。中国大学里的所有学生都住宿舍,这是要求,为了安全,也为了方便管理。我读本科、硕士和博士,都是在中国读的,都住宿舍,住的是上下铺,用的是公用厕所、公用洗澡间。我读本科时,6 个人住一间屋;读硕士时,4 个人住一间屋;读博士时,2 个人住一间屋。出国前我在(威海)山东大学做过英语老师,还在国际处兼职做过行政。有北美、欧洲大学的人来访,我们总怕他们笑话。国际学生宿舍的条件也弄得好些,因为他们也算国际友人。当学生的时候,大家都抱怨宿舍条件不好。现在在加拿大大学工作,对加拿大大学的宿舍管理有了一定了解后,才发现中国大学的宿舍其实不错。

我认识到,中国大学为每名学生都提供一个床位是多么不容易。阿尔伯塔大学的本科生,有 50% 来自埃德蒙顿市,可以走读上大学。有 25% 的学生来自阿尔伯塔埃德蒙顿市以外地区,10% 左右来自加拿大的其他省份,还有 15% 的国际学生。不能走读的学生需要住宿,但阿尔伯塔大学的校内床位,也仅够全校 10% 左右的学生住宿。参加 GALD 项目的老师问我们的后勤部门领导，为什么不多建一些宿舍，让更多的学生住校呢？北美有研究，说学生住校有很多优势，包括社交和学习方面的优势。但为什么不能多建宿舍？首先，大学没有必须住宿舍的要求，住不住校是学生自己的选择。不是所有的学生都希望在校内住宿。住校这么方便，为什么不选择住校呢？原因是学校宿舍不比在外面租房子便宜。阿尔伯塔大学校内最便宜的宿舍是 hub 的四人间，每个人有独立房间，共享卫生间和厨房，一个学期（4 个月）的费用是 3252 加元（不包床和家具）。好一点的宿舍每个月就要 1000 多加元。我在北京师范大学读博士时，每年的住宿费用是 1000 元人民币，上铺睡觉、下铺学习，换算成加元就是 200 加元。这是每年的住宿费，而且是在北京的北三环，可见中国大学的住宿费比起加拿大大学是多么便宜。

加拿大大学的宿舍为什么这么贵呢？中国大学的宿舍和食堂，都是有政府补助的，学生支付的费用不是全部费用。有的大学食堂和宿舍经营得不错，可能实现收支平衡，但建食堂和宿舍的钱，是大学投入的，也就是政府投入的。加拿大大学的宿舍和食堂，政府不投一分钱，需要大学的后勤部门向银行贷款建设，自己收取租金，每年还贷，自负盈亏。也就是说，加拿大大学生交的宿舍费就是宿舍建设和运行的全部费用的来源。由于宿舍不强制学生住，就有空房的问题，空房太多，大学就要损失，所以只能根据需要建设，不能建太多。加拿大大学的食堂也没有政府补助。有些宿舍的政策是住宿必须购买三餐计划。我查了一下，阿尔伯塔大学宿舍三餐计划的收费是8个月（两个学期）5260加元。除了宿舍提供的三餐计划，很多教学楼里面的小饭店、咖啡厅，都是大学出租场地，外面人承包经营，价格不比在校外吃饭便宜。阿尔伯塔大学员工出差每天的餐补标准是60加元，包括早饭15加元、午饭15加元、晚饭30加元。我个人的感觉是，在校内吃饭，吃一顿快餐也得15加元左右。大部分学生和员工，都是自己从家里带午饭。

2019年春季，我有机会回国访问参加GALD项目的老师。在贵州大学，老师带我到教工食堂吃午饭，全校职工刷卡进入，有8道菜，职工自助免费用餐，这是职工福利的一部分。到了四川大学，老师带我去教工食堂吃晚饭，还是自助，非常丰盛，每个人象征性收几元钱。中国大学的宿舍和食堂真的体现了党和国家对大学师生的关怀。学生住宿非常便宜，食堂食物品种多，好吃不贵。

我跟参加GALD项目的老师们说，以后有北美大学的领导去中国大学访问，一定要安排他们去学生食堂，和同学们一起吃饭，给他们要两个菜，一荤一素，要一份米饭或者两个包子，再打一碗免费汤。吃完告诉他们这顿饭大概多少人民币，换成美元和加元是多少。然后告诉他们，全校的学生都在校园住宿，都在食堂吃饭，大学一共有几个餐厅，每个能容纳多少人吃饭，每个餐厅的食品特色是什么。一定要告诉他们所有中国大学的员工都在大学吃午饭。参加GALD项目的一个老师，是大学后勤集团的总经理，他告诉我，他们学校光免费汤每年就要投入几千万元。

然后带他们去参观男生宿舍（去看女生宿舍可能有点麻烦，除非客人都是女的），看中国学生是怎么住的。然后跟客人说说，每名学生一年的宿舍费用是多少，也换算成美元或者加元。从宿舍出来的路上，一定要跟客人说说宿舍的管理。告诉他们宿舍的管理是封闭式的，不允许其他人进，男生宿舍不允许女生进入，女生宿舍也不允许男生进入。北美大学的学生性侵事件时有发生，各所大学都十分关注。还要告诉他们，中国大学宿舍晚上固定时间关大门，还固定时间熄灯。北美大学的学生，经常有人在宿舍里关着门聚会喝酒。

最重要的一点一定要提，每个宿舍就是一个兄弟会（fraternity）或者姐妹会（sorority），学生不孤独，舍友是终身的朋友，有需要基本可以两肋插刀，这是中国大学生建立社交网络的重要方式。

北美大学的室友不一定是朋友，关系不一定能像中国舍友那么铁。为什么呢？中国大学大部分室友是同班同学，或者是同系、同学院同学。加拿大有学院、有系，但没有班级。室友不是同班同学，也不一定是同一个学院的，交集不多。北美大学是完全学分制，完全学分制的一个特点是学生都是个体，按照自己的节奏选课，什么时候完成专业要求的40门课，什么时候毕业。不同学生的节奏不一样。选同一门课的人，才算是我们说的同学，下一门课又是不同的人。我问了一下加拿大的同事，有没有可能两个人选的40门课都完全一致，就是四年一直在一个班上课？他们说不太可能，最多也就有一两个人。中国大学的学生编入班级，一个班级的学生四年都几乎选同样的课，一起完成学业，一同毕业。

中国学生如果遇到什么困难，先是找宿舍的室友帮助解决，解决不了还有班级的同学，班级同学也搞不定，班长可以找辅导员。加拿大大学根本就没有辅导员这个人。辅导员制度是中国大学学生管理的独特制度，在中国上过大学的人，都知道辅导员的重要性。我听说现在的中国大学要求每 200 名学生安排一个专职辅导员。辅导员的工作是主动关心自己负责的 200 名学生，保证他们生活中没有困难，学习中没有问题，都能身心健康地成长、顺利毕业。学生没有回宿舍睡觉，辅导员要去找；学生没去上课，辅导员也要去找。辅导员手机 24 小时开机，保证随叫随到，辅导员的责任如此重大。但加拿大大学里没有辅导员，学生服务是怎么做的呢？

阿尔伯塔大学的学生服务内容非常丰富，但服务的方式不同。大学的学生处提供学生服务。大学的学生处处长就是 dean of students，即"学生院长"，理论上全校的学生都是她/他的学生。跟中国不同，学生处处长必须有学术背景，必须是教授出身。对学生违纪的处理，无论是学术违纪，还是行为违纪，如果超出学院的处理范围，都需要学生处处长做出处理。处长领导 300 多名员工，提供的服务包括学术成功、身心健康，还有职业规划。学术成功服务由学生成功中心负责；身心健康服务由大学的医院、药房和心理健康中心负责；职业规划服务由学生就业中心负责。

除了学生处，注册处也提供学生服务。注册处处长就是 registrar。注册处跟中国的教务处相近，但处长不需要有学术背景。注册处有 150 多名员工，负责工作涉及招生录取、学生资助

（奖助学金）、学分学籍、学费收取、课程注册、教务运行（教室安排、考试安排、学术日历）、毕业审核，还有毕业典礼。

阿尔伯塔大学注册处学生服务中心

除了学生处、注册处，各个学院都设置了自己的学生服务人员，由一个副院长领导。这些服务人员称为advisor（顾问）。阿尔伯塔大学的本科生和研究生（包括国际学生），都实行无差异管理，一入校，就是各个学院的学生，接受无差异的院内服务、校内服务。国际部为国际学生提供一部分额外服务，主要是学生签证等方面的出入境咨询。如果在语言和文化上不适应，国际部也提供一些帮助学生适应国外生活的服务。学生会也为学生提供一部分服务项目，可以算作学生的自我服务。

加拿大大学的学生服务，和中国相比主要有两个区别。中国大学各个部门的学生服务，协调一致。辅导员跟加拿大的顾问相似，是基层的服务人员，直接面对学生。辅导员向本学院主管学生工作的副党委书记汇报工作，副党委书记同时向学院党委书记和学校的学生处处长汇报工作。加拿大大学里提供学生服务的各个机构，互不隶属。学院的学生顾问只向自己学院领导汇报工作，不需要向学生处汇报工作。学生处、注册处、国际部都是独立的部门，没有隶属关系，只有合作关系。参加GALD项目的老师管加拿大大学的学生服务叫"菜单"服务，中国大学的学生服务，则可以叫"网状"服务。这是第一个区别。

阿尔伯塔大学留学生服务中心

网状服务，是立体的服务，从宿舍到班级，再到辅导员、学生处，形成立体的服务网络，保证没有学生"漏网"。菜单服务，是扁平的服务，学院、学生处、注册处、国际部都提供不同的服务，学生如饭店里的顾客，点什么就可以享受什么，不点就说明不饿。

中国大学和加拿大大学的学生服务在服务方式上也有很大不同，这是第二个区别。中国大学的网状服务可以说是主动服务，辅导员追着学生服务，生怕有学生掉队，而学生可以被动接受服务。加拿大大学的菜单服务可以说是被动服务，学生需要自己寻找服务，学校各个部门在学生找上门的时候，提供服务。阿尔伯塔大学的网站功能强大，只要学生使用关键词一搜，就能找到自己需要的服务和服务部门。但如果学生不上门，不主动请求服务，大学就可以认定学生没有问题。

这个问题说到底，是中加两国在人才培养文化方面的一个重要差异。加拿大法定的成人年龄是18岁。即使没有到18周岁，上了大学，大学也认定学生已成人。学生选什么课、成绩是多少，甚至学生的健康状况，都是学生的隐私。没有学生的亲笔签字授权，大学不能泄露给任何人，包括学生的家长。大学和家长几乎没有交流，除了出现紧急情况，涉及人身安全，大学才会按照学生档案里留的紧急联系方式，联系亲属。大学生既然是成人，他们就应该独立地管理自己的学习，并为自己的选择承担责任。

中国大学的学生，即使进入18岁，一般也不会被认为是成年人，而是"培训中的成年人"，因为他们还没有经济独立，还要依靠父母和政府。既然不是成年人，又不跟父母一起生活，那么就需要监护人，在大学里，这个监护人就是大学。大学有责任监护学生，保障他们的安全。既然是监护人，大学就有权要求学生必须住校。学生的成绩单，大学可能还要邮寄给家长，让家长知情，尤其是学业困难的学生。大学还要关注学生的身体健康，包括精神健康。辅导员作为学生在大学的家长，要对学生呵护有加，全面负责学生的学习和生活。和加拿大对比，我觉得中国的制度更有人情味，辅导员的工作体现大学对学生的关怀，保证了大部分学生的成功。不然，中国的毕业率也不可能那么高。我有两篇英语文章，都介绍中国的辅导员制度，呼吁西方大学借鉴。[1] 也许它们会对提高西方大学的学生成功率、毕业率有所帮助。

---

[1] Liu W, Lin X. Meeting the needs of Chinese International Students: Is There Anything We Can Learn from Their Home System?[J]. Journal of Studies in International Education. 2016, 20(4): 357-370. Lin X, Liu W. Intercultural Advising for Chinese International Students: A Reflective Inquiry[J]. Globalisation, Societies and Education. 2019, 17(2): 220-230.

第十五章

可持续发展

　　阿尔伯塔大学的大学服务与财务副校长下面有一个处级单位,叫内部审计与风险管理执行办公室,由一个协理副校长领导。我经常请这位协理副校长给我们参加GALD项目的老师做报告。阿尔伯塔大学的校园是开放的,没有围墙,大学的中心是市政公交的一个中心站,有很多公交车通过大学,还有三个地铁站设置在大学校园里面,民众随时可以进入大学校园。楼宇也没有保安,校园的治安肯定是大学的风险之一,但它还不是大学的主要风险。

　　内部审计与风险管理执行办公室每年出具大学风险报告,列举大学所面临的风险种类,并用"热图"分析各项风险的严重性。一般的风险用绿色表示,如招生。中国大学不愁招生,因为中国学生多,高等教育资源还是不够均衡。加拿大大学担心招生,因为人口少,学生选择多。严重一点的风险用橙色表示,如声誉。任何一所大学都不想有负面新闻。最严重的风险,也是需要大学高度关注的,用红色表示。过去10年左右,阿尔伯塔大学级别最高的风险,一直是预算风险,原因是省政府拨款的减少及不稳定性。这不仅仅是阿尔伯塔大学的风险,更是所有西方公立大学共同面临的风险。中国对高等教育的投入在增加,西方国家对高等教育的投入在减少,美国、英国、澳大利亚,都是这样。政府投入减少，严重威胁西方公立大学的可持续发展。大家都在想办法，都在寻找其他收入来源。

除了政府投入，大学正常运行的第二个重要收入是学生学费。政府的投入减少，学生学费肯定要增加。2022年加拿大高等教育一个总体发展报告（*The State of Postsecondary Education in Canada 2022*）显示，加拿大政府对高等教育的投入过去20多年没有增加，而学生学费在大学收入中的占比越来越高。到2021年，政府的投入没有增长，学费增长接近210%。除了学费，学生还要交房租、吃饭。房租和食品的价格在过去20年也不断增长。中国大学给学生提供低价宿舍、低价食堂，加拿大政府则完全推给市场，所以学生的经济压力很大。

加拿大的大学，都是公立大学，不是私立大学，不能像美国的私立大学那样，每年收几万美元的学费。我查了一下，2020年加拿大大学本科生的平均学费是每年6463加元[1]，和中国大学生每年付几千元人民币的学费水平相当。加拿大省政府有权决定大学学费标准和涨幅。但哪个政党上台，都不敢让学费涨得太厉害，怕老百姓不高兴，致使下次选举失败。但国际生的学费，省政府不管，大学可以基本自己说了算。加拿大国际学生的学费，至少是本国学生的3倍。这样一来，多招国际生已经成为加拿大大学

---

[1] https://www.topuniversities.com/student-info/student-finance/how-much-does-it-cost-study-canada#:~:text=Undergraduate%20tuition%20fees%2-0in%20Canada,(~US%2422%2C500)%20per%20year

增加收入的一个重要渠道。

到 2018 年底，在加拿大各级学校上学的国际学生接近 57 万人（包括中小学），比 2017 年增长 16%，其中约 58% 来自中国和印度[1]。大学里面的国际生占总体学生的 13%，学院里面的国际学生占 7.5%，但国际学生学费总收入相当于大学和学院全部学费收入的 35%、学校总收入的 9.3%[2]。当然，这些数字是平均数字。好大学国际学生多，国际学生的学费收入也多。阿尔伯塔大学国际学生的学费收入在大学预算里的占比没有单独列出，但应该会高于全国 9.3% 的平均数。我看了一下多伦多大学 2018—2019 年度的预算，国际学生的学费收入占大学运行资本（基建之外的总预算）的 30%，而安大略省政府的拨款只占预算的 25%。这两个数字是惊人的。国际学生的学费收入超过政府对大学的投入！这正是欧美主要大学的风险之一。所有英语国家的国际学生至少 30% 来自一个国家，那就是中国。所有国家和大学都想招生多样化，但谈何容易。国际货币基金组织（IMF）预计 2023—2028 年间，世界经济增长多来自 3 个国家：中国占 22.6%，印度占 12.9%，美国占 11.3%。现在加拿大国际学生的第一来源国已经是印度了。未来加拿大的印度留学生的数量可能会大量增加。

全球化已经是高等教育发展的共同环境。由于交通和通信技

---

[1] https://cbie.ca/another-record-year-for-canadian-international-education/#:~:text=As%20of%20December%2031%2C%20-2018,student%20numbers%20grew%20by%2020%25

[2] Usher A. The State of Post-Secondary Education in Canada[M]. Toronto: Higher Education Strategy Associates, 2018.

术的发展，全球化的进程从 18 世纪开始就一直没有停止过。这期间世界经历了大规模战争和大规模的疫情，但都没有影响全球化趋势。到 21 世纪，由于互联网技术的发展，全球化进程加速。我们有理由相信，全球化进程不会因为某一个国家某一届政府的不同政见而改变，也不会因为一次全球疫情而改变。全球化是趋势，国际化是策略。国际化是大学对这一共同环境所做出的反应。全世界的大学，没有一个不在提国际化。有学者把高等教育国际化的目的总结成三个：一是人才培养的目的，即让学生获得国际视野、跨文化能力；二是国际竞争的目的，通过竞争为国家获得更多国际资源和人才；三是国际合作的目的，即共同创造更美好的国际社会环境。[1]

各国对世界经济增长的贡献[2]

---

[1] Stier J. Taking a Critical Stance toward Internationalisation Ideologies in Higher Education: Idealism, Instrumentalism and Educationalism[J]. Globalisation, Societies and Education, 2004, 2(1):1-28.

[2] https://www.bloomberg.com/news/articles/2023-04-17/china-to-be-top-world-growth-source-in-next-five-years-imf-says

培养国际化人才（第一个目标）是中加两国高等教育国际化的共同目的，两国都希望多派学生出国学习，都希望课程国际化。经济的全球化，意味着国际能力是未来人才最重要的能力之一。国际能力包括通晓各国的文化知识、观察世界动向的文化能力，还有尊重开放的文化态度。[1]未来社会最需要的人才，一定是具有国际能力、能在多元文化工作环境中胜任的人才，而培养这些国际能力的最有效途径就是国际教育。国际合作（第三个目标）也是中加大学人才培养的共同目的。中加两国的高等教育也都有竞争的目的（第二个目标）。加拿大大学竞争的是经济资源，国际学生教育是大学的重要收入来源，国际学生教育也是国家的重要收入来源。加拿大国际学生学费和生活费的收入，大于汽车配件、木材出口、飞机出口的收入。国际学生完成学业，就成了国际人才。加拿大希望留住这些国际人才，填补国家经济技术人才的缺口。中国大学希望提高国家软实力，通过来华留学生教育，培养"知华、爱华和友华"人士，创造更好的国际发展环境；希望来华留学生毕业后返回祖国，成为他们国家各领域的领袖，也成为发展和中国良好国际关系的推动者。

　　各国都强调高等教育的国际化。国际化水平已经成为影响大学排名的一个重要方面。英国"泰晤士高等教育"排名每年发布

---

[1] Deardorff D K. The Identification and Assessment of Intercultural Competence as a Student Outcome of Internationalization[J]. Journal of Studies International Education, 2006, 10(3): 241-266.

世界大学国际化排名，阿尔伯塔大学的国际化排名靠前，2017年排全球第31位，在哈佛大学之前！我看了一下这个排名的方法，国际学生人数、国际教师人数、国际合作发表、国际声誉各占25%。阿尔伯塔大学的国际学生占比较高，本科生约为16%，研究生约为38%，加在一起约占全体学生的20%。具有国际背景的教师比较多，阿尔伯塔大学最近几年新进的教师超过50%具有国际背景，而加拿大的平均水平是40%。国际合作发表，阿尔伯塔大学的水平也不低，这不是大学自上而下主动催生的产物，而是教师来自不同国家，国际联系广泛，国际合作科研自下而上自然进行，合作发表也比较多。国际声誉，不是由大学提供数据，而是采用在全球学者数据库中问卷产生的数据。我之前提到了，不知道为什么最近几年阿尔伯塔大学国际声誉的得分降低，国际部对此十分关注。

阿尔伯塔大学国际部在新冠肺炎疫情之前一共有60多名全职员工，根据工作领域分成几个团队，包括国际关系（international relation）、国际招生（international recruitment）、国际学生服务（international student service），还包括国际项目（international project）、海外教育（education abroad）和全球教育（global education）。国际关系、国际招生，还有国际学生服务比较好理解。国际项目旨在寻找机会，利用阿尔伯塔大学人才优势，为发展中国家做国际发展项目，实现全球可持续发展目标。海外教育专门负责创造机会送加拿大学生出国学习，让他们学习新语言、体验新文化，获得国际能力。全球教育专门负责校内的国际化建设，组织讲座和国际周等活动，提高学生的全球公民意识。从这些方面看，阿尔伯塔大学的国际化发展还是比较平衡的，不光追求经济效益，还要追求全球社会效益。但大学总体收入减少是现实，大学预算对国际学生学费收入的依赖增加也是现实。国际教育已经成为大学可持续发展不可缺少的一部分。2022年，阿尔伯塔大学机构调整，把国际招生的团队划到大学的注册处（registrar's office），理由是注册处负责国内招生，国内招生和国际招生都是招生，应该在一起。现在国际部的工作重点是国际关系、国际学生服务，还有海外教育。

除了国际学生的学费收入，加拿大大学都希望增加大学社会捐款的收入，因而十分重视校友工作。阿尔伯塔大学校友会是代表全校29万名校友的组织，也采取委员会制度进行管理。所有委员会委员都是校友，志愿工作，没有报酬。委员会主席由选举产生，每年换届。委员会下设8个分委员会。校友会委员会推选校友代表，参加董事会、学术委员会和参议会，代表校友群体直接参与大学管理和政策制定。校友是大学的一个非常重要的利益相关群体。关于校友服务，校友委员会是决策机构，确定每年的校友活动和服务项目，由大学的校友办公室实施。大学校友办公室有20多名员工，是大学的全职雇员，由大学发工资，由一个协理副校长领导。校友活动全年开展，如服务在校学生，关爱年轻校友的事业发展和家庭，举办校友志愿者活动，为毕业60年校友重办毕业典礼等。此外，校友会在每年秋季一个周末邀请校友返校，颁发若干校友贡献奖。所有活动的费用由校友办公室通过与企业合作的方式自筹，包括和信用卡公司、保险公司合作，一方面为校友提供优惠价格，作为校友福利，另一方面可以获得校友活动资金。

校友办公室以往设置在大学发展副校长办公室之下。所谓发展，其实就是社会筹款的意思。有了更多的钱，大学才能更好地发展。每期GALD项目都会请发展副校长办公室的人给大家做报告。据他们介绍，跟美国大学相比，加拿大大学的社会筹款工作起步比较晚。20世纪80年代以前，大学可能有年度捐款项目，鼓励校内外人士以个人身份每年给大学写张支票捐点钱，偶尔还可能为建栋新楼向社会筹款。从20世纪80年代中期开始，加拿大各所大学都成立了职业的筹款部门。现在，加拿大所有大学都有职业的筹款和校友工作人员，大型大学还设置了主管这个方面工作的校级领导。

阿尔伯塔大学2012年设置专门的发展副校长。除了校友办公室，发展副校长下面还设置了另外三个重要的部门，分别负责筹款项目、筹款服务和筹款宣传。

负责筹款项目的是一线职业筹款人，一共65人，包括和各个学院共同聘用的筹款人员，他们通过长期年度捐款、大额一次性捐款、临终地产捐赠、企业捐赠等不同项目向社会筹款。

筹款服务部门的人员，负责筹款后台运行，处理事务包括人事、财务、技术、捐款处理、调研和潜在捐款人管理等。

筹款宣传部门，负责项目宣传、和捐款人交流、组织活动等。

阿尔伯塔大学有160多名全职员工专门做校友和社会筹款方

面的工作。这160多人，都要发工资。他们募捐来的钱到底有多少？除了发工资，还剩多少？

我记得2013年和2014年，我们请当时的发展副校长做报告，有学员就提出这个问题。当时副校长的回答是，花一加元工资，至少可以获捐两加元。我想这几年的比例会有所提高，即回报率会更大。根据发展副校长办公室提供的数据，2019—2020学年，大学捐赠收入为1.5亿加元，来自18841名捐款人，其中校友9729人，其余则是校外人士（包括其他个人、企业、基金会、组织）。因此，要想获得社会对大学更广泛的支持，光做好校友工作是不够的，还需要提高大学的声誉，提高社会对大学价值的广泛认可，加大全社会对大学发展的支持力度。这一项工作，属于大学宣传部门的工作领域。阿尔伯塔大学的宣传工作以往由一个单独副校长专门负责，叫大学外部关系副校长，同时兼任校友办公室主任。他们办公室一共40人左右，负责几个领域的工作，包括政府和社区关系、校园数字化建设、新闻和媒体关系、策略交流、大学的品牌管理。

与政府的关系需要维护，因为加拿大是选举体制，不同政党对高等教育的态度不一样。各所大学都希望省政府对大学友好，重视高等教育，对大学的拨款不减或者少减。我对此持保留意见。为什么要拿着纳税人的钱去游说纳税人的政府呢？

与社区的关系也需要维护，社区是大学的四邻。大学建楼设计不需要市政府批准，市政府把审批的权力下放给大学。但大学建楼必须咨询四邻，不能让他们有意见。

校园数字化建设指的是大学网页的设计、网页使用数据的分析等等。这一点阿尔伯塔大学做得不错，网页内容丰富，更新及时。这不能只依赖大学宣传部的人，各个二级单位都有负责宣传的人。

新闻与媒体关系负责讲述好大学的故事。阿尔伯塔大学的新闻以电子杂志的形式呈现，叫 folio[1]，内容几乎都是在讲述大学的科研故事，让全社会了解大学科研对社会的贡献和影响。他们也关注外部新闻，尤其是报道阿尔伯塔大学的新闻。

策略交流的工作针对大学重大事件、大学社交媒体、大学内部交流，还有校长的稿件。

这个办公室还负责大学品牌的设计、摄影和标志管理，为全校各个部门使用的标志提供统一标准。

每期 GALD 项目都会请大学外部关系副校长做报告。过去 9 年，这个部门换了两次领导，但 3 位副校长都用 3 个英文单词总结他们办公室的工作重点，即 reputation、relations 和 resources（建设声誉、维护关系、获得资源）。在这一章里，我把大学的国际化建设、校友关系、社会筹款和大学宣传工作放在一起谈，因为串联它们的主线是大学的可持续发展。这几个领域的工作，其实都是为了大学获得更好声誉、更好关系、更多资源。这几个方面的工作都是大学可持续发展的重要基础。2020 年，阿尔伯塔大学行政结构改革，把发展副校长办公室和大学外部关系办公室

---

[1] https://www.ualberta.ca/folio/index.html

合为一个，由一位副校长领导，既强调两者的关系，也节省了开支。

参加 GALD 项目的老师的一个共同印象是，负责外部关系的工作人员多、做的事情多、工作做得细致，体现出加拿大大学对外部关系的重视。中国大学对口的几个部门，一般人都比较少，虽然同样重视，但工作很难做到太细致。阿尔伯塔大学教师和行政人员比至少是 1 ∶ 2，没有编制的限制，只有预算的限制。我听说在北美的大型大学里面，都差不多是这个比例。中国大学的行政人员，一般叫管理人员。加拿大大学的行政人员，一般叫服务人员。人少，只能管理，自上而下，管理需要有效率；人多，可以服务，自下而上，服务需要有质量。这也许是两个国家的大学行政体系的主要不同。从 2020 年起，阿尔伯塔大学推进行政服务中心化改革，希望通过行政服务中心化，减少行政人员的数量，提高效率。希望这一过程不会太影响行政服务的质量，不会影响学生在校的学习体验，不然就失去了加拿大大学重服务、轻管理的特色。

结语

国际比较是高等教育发展的重要途径，是衡量高等教育发展水平的重要手段。"双一流"建设的目标，其实也涉及国际比较的目标。我们国际学术领导力发展（GALD）项目，也是为了通过国际比较，扩展中国大学行政干部的国际视野，并以国际的视野，观察中国大学的治理制度和管理水平。本书内容基于GALD项目运行的经验，基于中国大学行政人员在比较研究时关注的重点，以阿尔伯塔大学作为案例，观察加拿大大学治理结构和运行机制，分析其优势和劣势。知己知彼，才能在国际交流时，对对方体制有了解，对己方体制有自信，既不盲目崇拜，也不妄自菲薄。国际比较研究应该突破具体经验的借鉴，以更宽阔的视角，观察两国高等教育的发展历史、文化环境和政治体制[1]。国际比较的最高层次，不是借鉴经验，而是自我理解，通过比较获得对

---

[1] Liu W. Higher Education Leadership Development: An International Comparative Approach[J]. International Journal of Leadership in Education, 2021,24(5):613-631.

自己体系的认识，获得未来自己工作创新的基础。

从发展历史来看，中加两国的高等教育发展可以说是处于不同的发展阶段。参加 GALD 项目的教师都觉得阿尔伯塔大学的硬件设施不错，全校中央空调，每天室内一个温度。所有楼的大门都有自动开门按钮，所有楼内都有电梯、无障碍通道。所有厕所都提供卫生纸，清扫标准也很高。学生的学习资源非常多，质量非常好，图书馆几乎能下载所有英文文章，每栋楼的每个角落都有沙发供学生使用。大学数字化建设水平高，大学高速 Wi-Fi 在所有楼宇内都可以免费使用。所有这些硬件设施都是大量投入，而且是多年投入的积累。阿尔伯塔大学从 1908 年开始建校招生，中国最早的现代大学也是 20 世纪之初建立的，但中国高等教育真正迅速发展是在 20 世纪 90 年代之后，原因是国家投入增加。第一次和第二次世界大战（以下简称一战、二战期间）加拿大派兵到欧洲战场保卫英王陛下，战争的消耗很大。一战期间，好几百名阿尔伯塔大学的师生前往欧洲参战，但加拿大国内各项事业基本没有中断，都能持续发展，包括高等教育。加拿大在二战期间，是反法西斯联盟国家的空军培训基地，经济没有受损失，相反还获得了发展。二战后的老兵法，更是极大地推动了加拿大高等教育的发展。

从历史发展的视角看，加拿大是发达资本主义国家，中国还处于社会主义初级阶段。加拿大的高等教育处于平稳发展阶段，中国的高等教育处于追赶上升阶段。平稳发展阶段的大学，可以给教授足够的资源、足够的自由，按兴趣开展科学研究。追赶上升阶段的大学，只能给教授量化指标、明确方向，帮助大学和国家追赶一流。阿尔伯塔大学 2000 多位教授里，有 100 多位是华裔教授，一般都是在北美博士毕业后留下来工作，很多有在中加两国工作的经历。参加 GALD 项目的老师问他们：科研压力大不大？这个问题不好回答，但他们有一个基本的感受，即没有中国教授的压力大。既然压力没那么大，动力从哪里来？他们一般回答：来自同行。别人有成果，有好的成果，而自己没有，不好意思。

从文化环境来看，中加两国的高等教育发展处于不同的民族文化之中。中国有十分悠久和优秀的教育文化。我的一篇文章，2016 年发表在《加拿大高等教育》上，分析、介绍了中国的教育文化[1]，认为中国教育文化有三：一是教育第一的文化，万般皆下品，唯有读书高，父母对孩子教育的投入不惜代价、不计回报；二是攒钱的文化，父母节衣缩食，平均家庭存款率 50%，除了防大病，就是为了孩子上大学；三是大家庭的文化，父母钱不够，爷爷奶奶、姥姥姥爷、姑姑大伯、舅舅姨妈，都要出手帮忙，责无旁贷。这一点加拿大父母不敢想，自己都不一定给孩子攒钱上学，哪敢指望亲戚。后两点虽然跟教育没有直接的关系，却是教育第一的文化的基础。中国人多，地方大，靠的就是未雨绸缪的精神，大家庭相濡以沫的传统，还有孟母三迁式的对孩子教育的

---

[1] Liu W. The International Mobility of Chinese Students: A Cultural Perspective[J]. Canadian Journal of Higher Education, 2016, 46(4): 41-59.

执着，这才有中华民族几千年的生存、繁衍和繁荣。

跟中国相比较，加拿大的教育文化也可以分作三点：一是自由的文化，给孩子自由和空间，让孩子根据兴趣和爱好，做关于生活和人生的选择；二是信任的文化，教育的目的是培养独立的精神和能力，为了实现这一点，就应该给予孩子信任，相信他们的选择和判断，相信他们的生活能力；三是平等的文化，公平竞争，社会环境公平、公正，给每个人平等竞争的机会。我还有一篇文章[1]，分析了中国和加拿大教育文化的差异，我在这篇文章里也分析了加拿大的人才培养文化。中国大学是学生的家外之家，辅导员是"父母"。学生是否成功，大学承担的责任大。加拿大大学把学生看作成人，按需为学生提供服务。学生是否成功，大学承担的责任小。我和身边的其他中国家长一样，来北美之前希望孩子接受宽松、自由的教育，给孩子空间，发展孩子潜能。来到北美之后，我们都变成了"虎爸虎妈"，生怕孩子浪费大好时光，都给孩子加作业，逼孩子弹钢琴。北美的亚裔受教育程度高，从事职业好，都是模范移民，这不得不归功于亚洲的教育文化。

从政治体制来看，中加高等教育可以说是生存在不同的政治环境之中。中国的高等教育相对中央化，全国协调一致，上通下

---

[1] Xiaobing Lin, Wei Liu. Intercultural Advising for Chinese International Students: A Reflective Inquiry[J]. Globalisation, Societies and Education, 2019, 17(2): 220-230.

达，可以集中力量办大事。从精英高等教育转变为大众高等教育，中国只用了几年。集中体制，能让中国高等教育事业在世界知识经济的竞争中，更好地发挥建设国家的作用。集中体制还有一个优势，那就是改革速度快，改变能力强。我在本书的一开始就提到了这一点。加拿大的体制是非常分散的，各省独立建立、资助和管理自己的高等教育体系，有利于发展特色，服务地方经济和社会发展。全国高等教育资源均衡地分配到各省，各省高等教育资源再均衡地分配到各校，实现各类高校均衡、高质量发展。

写这本书的目的，不是要说明哪个体系好，哪个体系不好，而是希望弄清楚加拿大的体系有何优势、有何劣势，中国的体系有何优势、有何劣势。知己知彼，才能发挥优势，克服劣势，更好地发展。这也是老师们参加 GALD 项目最重要的目的。就这个问题，我还写了一篇文章，分析中加两国大学治理体制各自的优势和劣势，在 2024 年初被英国的一本高等教育刊物刊载[1]。如果大家感兴趣，可以找来读读。

中西的大学治理文化不同，但我们可以观察到，这两个不同体制正在朝趋同的方向发展。中国从 20 世纪 80 年代开始，一直不断下放权力，给大学更多的办学自主权。各所高校也不断下放权力和资源到学院，实现二级管理。大学办学自主、教授学术自

---

[1] Liu W. Centralized and Decentralized Systems: Which One Is Better for Teaching Quality Assurance?[J]. Journal of Further and Higher Education, 2024,48(2):139-152.

由，这些价值基本被中国大学认可。而西方政府在过去很长一段时间内，逐渐减少对大学的拨款，同时提高对大学的要求，这些要求包括对学生就业能力的培训、对地方经济的拉动、应用型科研的开展、技术转化率的提高、大学衍生公司的增加等。这些要求不断成为大学绩效考核的标准，这也从侧面反映了西方政府加大了对大学管理的干预。这在西方被叫作新自由主义高等教育理念，以市场为准绳，把高等教育看作自由交易的产品，市场需要什么，大学就提供什么。

最后，衷心希望中国高等教育的改革，继续保持速度和效率的优势；西方高等教育的发展，不失宽松和自由的环境。

本书为阿尔伯塔大学国际学术领导力发展项目 global academic leadership development（GALD）program 参考教材。